MANUEL

DE

L'INSTRUCTÉUR DE TIR

PARIS. — IMPRIMERIE J. DUMAINE, RUE CHRISTINE, 2.

MINISTÈRE DE LA GUERRE

MANUEL

DE

L'INSTRUCTEUR DE TIR

A L'USAGE

DES OFFICIERS ET DES ÉCOLES MILITAIRES

Approuvé par le Ministre de la guerre

LE 19 NOVEMBRE 1872

PARIS

LIBRAIRIE MILITAIRE DE J. DUMAINE

LIBRAIRE-ÉDITEUR

Rue et Passage Dauphine, 30

1873

MANUEL

DE

L'INSTRUCTEUR DE TIR

PREMIÈRE PARTIE

NOTIONS THÉORIQUES ÉLÉMENTAIRES

CHAPITRE Ier

PRINCIPES GÉNÉRAUX DU TIR

Premières définitions. — La ligne droite qui prolongerait la direction première suivie par un projectile, s'appelle *ligne de tir*. Lorsqu'on se sert d'un fusil, cette ligne se confond avec l'axe du canon.

Le plan vertical qui contient la ligne de tir se nomme *plan de tir*.

L'inclinaison de la ligne de tir sur l'horizon s'appelle *angle de tir*.

La ligne décrite par le projectile est *la trajectoire*.

La distance qui sépare le point de départ du point de chute s'appelle *portée*.

Les causes qui déterminent et qui font varier à l'infini la forme et les dimensions des courbes décrites par les projectiles peuvent se réduire à trois :

La force de projection ;

La pesanteur ;

La résistance de l'air.

La connaissance des effets combinés de ces trois forces nécessite une étude préalable de chacune d'elles en particulier.

Force de projection.

L'explosion de la poudre produit une force qui pousse le projectile hors du canon avec une vitesse pouvant dépasser 450 mètres par seconde. Si le projectile n'obéissait qu'à cette première impul-

1

sion, il continuerait son trajet en ligne droite, dans la direction qui lui a été imprimée, avec une vitesse uniforme, c'est-à-dire invariable. Mais dès qu'il est sorti du canon, il est soumis, en outre, à la double action de la pesanteur et de la résistance de l'air.

Pesanteur.

La pesanteur est la force qui fait tomber à la surface de la terre, tous les corps non soutenus.

Les relations entre les espaces parcourus par un corps tombant librement par l'effet de la pesanteur agissant seule et les temps employés à les parcourir, ont été déterminées avec une grande précision et sont indiquées dans le tableau ci-dessous.

TABLEAU N° 1.

DURÉES DE LA CHUTE.	ESPACES PARCOURUS.	VITESSES ACQUISES.
$0'',2$	$0^m,496$	$1^m,962$
$0,4$	$0,785$	$3,923$
$0,6$	$1,765$	$5,885$
$0,8$	$3,138$	$7,847$
1	$4,904$	$9,809$
2	$19,647$	$19,648$
3	$44,139$	$29,426$
4	$78,470$	$39,235$

Ces quantités ont été déterminées en faisant abstraction de la résistance que l'air oppose aux corps pendant leur chute. Quoique cette résistance diminue la vitesse et augmente, par suite, la durée du trajet, on peut admettre, sans erreur sensible, que les nombres précédents sont applicables à la chute d'une balle de plomb dans l'air pendant un laps de temps qui n'excède pas 3 secondes.

On voit à la seule inspection de ces nombres que la vitesse de chute s'accélère considérablement ; c'est-à-dire que le corps tombe plus vite pendant la 2e seconde que pendant la première, pendant la 3e que pendant la 2e et ainsi de suite. C'est, d'ailleurs, un fait que chacun a remarqué : plus un corps tombe de haut, plus sa vitesse est grande quand il arrive à terre ; mais ce qu'il faut bien comprendre, c'est la valeur du mot *vitesse* dans un mouvement où la vitesse varie continuellement.

Le mouvement de chute d'un corps a une certaine analogie avec le mouvement d'un train qui se met en marche ; grâce à l'action continue de la locomotive, la vitesse s'accélère à chaque instant, et lorsque, dans un pareil mouvement, on dit : « *Nous marchons, en ce moment, avec une vitesse de 4, 8, 12 kilomètres à l'heure,* on indique que le train parcourrait 4, 8, 12 kilomètres à l'heure, si le mouvement se continuait sans altération pendant une heure tel qu'il est à l'instant que l'on précise.

La pesanteur joue un rôle analogue à celui de la locomotive ; elle détermine la chute de tout corps non soutenu et continue à l'attirer pendant tout le temps de sa chute en accélérant sa vitesse. Ainsi, lorsqu'on donne la valeur de cette vitesse à un moment quelconque, après deux secondes par exemple, le nombre $19^m,618$ veut dire que le corps parcourrait $19^m,618$ dans la 3ᵉ seconde si, pendant ce temps, la vitesse se maintenait sans altération, telle qu'elle est à la fin de la 2ᵉ.

Mouvement ascensionnel d'un corps pesant. — Lorsqu'un corps est lancé verticalement de bas en haut, il monte avec une vitesse qui décroît à chaque instant et qui finit par se perdre complétement au bout d'un temps plus ou moins court ; le corps un instant immobile retombe alors avec une vitesse toujours croissante, suivant la verticale qu'il avait d'abord parcourue avec une vitesse décroissante. La diminution de la vitesse dans le premier cas, l'accélération de la vitesse dans le deuxième, sont dues à une seule et même cause : *la pesanteur.*

Abstraction faite de la résistance de l'air, le mouvement de chute d'un corps pesant est exactement l'inverse de son mouvement ascensionnel. Le mobile met pour redescendre le même temps qu'il a mis pour monter, et il a au moment de sa chute la même vitesse qu'au début de son mouvement ascensionnel.

Ainsi, en changeant les en-tête du tableau précédent, les mêmes nombres prennent la signification suivante :

TABLEAU N° 2.

VITESSES ASCENSIONNELLES au départ.	DURÉES DE L'ASCENSION.	HAUTEURS DU JET CORRESPONDANTES.
$1^m,962$	$0'',2$	$0^m,196$
$3,923$	$0,4$	$0,785$
$5,885$	$0,6$	$1,765$
$7,847$	$0,8$	$3,138$
$9,809$	1	$4,904$
$19,648$	2	$19,647$
$29,426$	3	$44,139$
$39,235$	4	$78,470$

Effets combinés de la pesanteur et de la force de projection.

Après avoir étudié séparément les effets que produisent la force de projection et la pesanteur agissant séparément, il faut se rendre compte du mouvement d'un corps soumis simultanément à ces deux forces. Un corps ne peut avoir à un moment donné qu'une seule direction et une seule vitesse de translation. Mais cette vitesse et cette direction peuvent être le résultat de deux *mouvements* bien distincts. Un exemple suffira pour rendre cette proposition évidente.

Supposons qu'un ballon soit abandonné à lui-même, l'air étant complétement calme ; le ballon montera verticalement.

Supposons en second lieu que le vent souffle pendant l'ascension ; le ballon, dès qu'il sera livré à lui-même, sera soumis à l'action de deux forces distinctes. La première tendra à le faire monter verticalement, la deuxième tendra à l'entraîner dans la direction du vent.

On sait que dans ces conditions le ballon monte suivant une ligne plus ou moins inclinée dans le sens du vent ; il obéit en même temps aux deux forces qui le sollicitent simultanément, et chacune de ces deux forces produit son effet indépendamment de l'autre ; c'est-à-dire que l'ascension a lieu comme si le vent ne soufflait pas, et que le ballon est entraîné comme s'il ne montait pas.

Appliquons cette observation au mouvement d'un projectile lancé, par exemple, suivant la ligne de tir OT, sous un angle de tir TOH, avec une vitesse de 500 mètres par seconde (*fig.* 1).

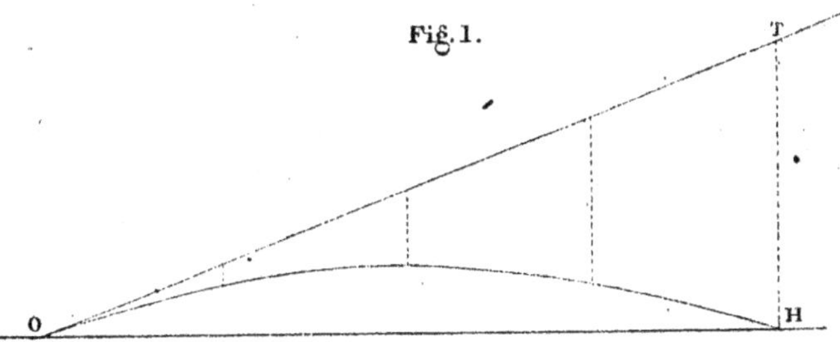

A sa sortie du canon, la balle non soutenue est soumise à l'action de la pesanteur qui tend à la ramener vers la terre. La balle, obéissant à cette force, s'éloigne de plus en plus de la ligne de tir et finit par retomber sur le sol plus ou moins loin du point de départ.

La pesanteur agissant pendant ce mouvement comme si elle était seule, les abaissements du projectile au-dessous de la ligne de tir, sont de :

4ᵐ,90 au bout de la 1ʳᵉ seconde (Tableau n° 1).

19ᵐ 61 au bout de la 2ᵉ seconde, et ainsi de suite.

Il serait donc facile de tracer théoriquement une trajectoire en la rattachant à la ligne de tir par des abaissements. Mais cette étude n'a aucune application pratique. Ce qu'il importe de connaître, ce que l'on cherche dans les expériences, ce sont les élévations de la trajectoire au-dessus du sol supposé horizontal ou, plus simplement, au-dessus de la ligne droite qui joint le point de départ au point d'arrivée du projectile.

La trajectoire est entièrement au-dessous de la ligne de tir (Voir *fig*. 1); donc, pour toucher un objet avec un projectile, il faut que la ligne de tir soit dirigée au-dessus du but à atteindre, quelle que soit la distance.

La direction que l'on est obligé de donner à la ligne de tir a pour résultat d'imprimer au projectile un mouvement ascensionnel par rapport à l'horizontale OH. Le projectile monte donc jusqu'à une certaine hauteur en vertu de la *vitesse ascensionnelle* qui lui a été communiquée, et il retombe ensuite par l'effet de la pesanteur.

Pendant le temps de l'ascension et de la descente, il est entraîné horizontalement dans le plan de tir et retombe plus ou moins loin du point de départ. La ligne décrite par le projectile est donc le résultat de deux mouvements distincts, l'un se produisant dans le sens vertical, et l'autre dans un sens que nous supposons horizontal. La vitesse de ce dernier mouvement se nomme *vitesse de cheminement*.

Pour faire arriver un projectile sur un point donné, le problème à résoudre consiste à combiner ces deux mouvements, de manière que la chute du mobile s'achève sur le but à atteindre.

Supposons que ce but P soit à 1000 mètres et qu'on puisse imprimer au projectile une vitesse de cheminement de 500 mètres par seconde ; on voit tout d'abord :

1° Que le trajet doit se faire en deux secondes ;

2° Qu'on ne doit pas lancer le projectile dans la direction OP ; car, dans ce cas, il serait entraîné par la pesanteur au-dessous du but indiqué.

Il faut lancer le projectile au-dessus de la ligne OP, suivant une direction OT telle, que le projectile monte jusqu'à mi-distance du but, pour retomber sur le point à atteindre par le mouvement inverse. Dans le cas pris ici pour exemple, l'ascension doit durer une seconde et la chute une deuxième seconde.

Le tableau n° 2 indique que la vitesse ascensionnelle verticale à donner au projectile doit être de 9m,809 et que la hauteur du jet doit être de 4m,90. C'est la plus grande élévation de la courbe au-dessus de la ligne OP, ou *la flèche de la trajectoire;* elle correspond au milieu de la portée, soit 500 mètres pour le cas qui nous occupe.

Il est facile de déterminer plusieurs points de la branche descendante HP. Remarquons, en effet, que chaque distance de 100 mètres est parcourue en deux dixièmes de seconde; or, le tableau n° 1 donne les espaces parcourus en vertu de la pesanteur pendant ce laps de temps. Ainsi, lorsque le projectile aura atteint la verticale 600, il sera au-dessous de l'horizontale HL de 0m,196, et, par conséquent, au-dessus de la ligne OP de 4m,940 — 0m,196 = 4m,708.

De même les élévations de la trajectoire correspondant aux verticales 700, 800 et 900 sont données par les différences suivantes :

Elévation à 700 mètres 4m,904 — 0m,785 = 4m,119
         à 800   4m,904 — 1m,765 = 3m,139
         à 900   4m,904 — 3m,138 = 1m,766

Le mouvement ascendant étant exactement l'inverse du mouvement de chute, l'élévation à 400m est exactement la même que celle de 600; et, dans tous les cas, les élévations prises de part et d'autre à égale distance de la flèche, sont égales entre elles.

Si donc on faisait tourner la 2e partie de la figure autour de la verticale 500, pour la rabattre sur la première,

Le point   600 viendrait se placer sur le point 400
   —   700   —   300
   —   800   —   200
   —   900   —   100
   —   1000   —   0

Les deux branches de la trajectoire sont donc symétriques et *l'angle de chute* est égal à *l'angle de tir* ou de départ.

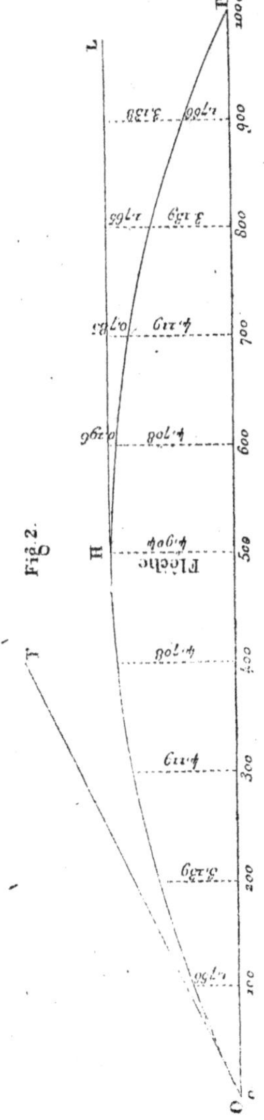

Résistance de l'air.

La balle parcourant sa trajectoire se meut dans l'air, à travers lequel elle se fraie un passage en déplaçant les molécules qui se trouvent sur son trajet. Donc, à chaque instant, elle use une partie de la force dont elle est animée pour déplacer ces molécules.

Vitesse initiale. — La vitesse d'impulsion décroissant à chaque instant, on donne le nom de *vitesse initiale* à celle que possède le projectile au sortir de l'âme. Ainsi, quand on dit que la vitesse initiale d'une balle est de 450 mètres, cela signifie que si elle marchait pendant une seconde avec toute la vitesse qu'elle possédait à la sortie du canon, elle parcourrait pendant ce temps une distance de 450 mètres.

Variations de la résistance. — La résistance qu'éprouve tout corps en mouvement dans l'atmosphère est variable suivant la vitesse dont ce corps est animé; presque nulle pour les petites vitesses, elle est déjà sensible pour un cavalier lancé au galop; elle est incommode sur un wagon parcourant 10 ou 12 mètres par seconde; elle devient énorme pour les projectiles qui sont animés de vitesses infiniment supérieures. Ainsi, une balle du poids de 16^{gr},5 et du calibre de 10^{mm},4, lancée avec une vitesse de 537 mètres par seconde n'a plus que :

428 mètres de vitesse après 100 mètres de parcours
360 — 200 —
287 — 400 —

Elle a donc perdu, par suite de la résistance de l'air, 250 mètres de vitesse dans un parcours de 400 mètres.

Ces nombres résultent d'expériences faites avec le fusil de chasseur suisse.

La résistance est d'autant plus grande que la colonne d'air à déplacer par le mobile est plus considérable; c'est-à-dire que le mobile présente à l'air une plus large surface. Ainsi, un boulet éprouve une plus grande résistance qu'une balle; un projectile de 24 éprouve une plus grande résistance qu'un projectile de 12, etc.

Il ne faudrait pas conclure de cette observation que les gros projectiles perdent plus de vitesse que les petits, car, toutes choses égales d'ailleurs, c'est le contraire qui a lieu.

Pour fixer les idées à cet égard, supposons qu'un petit cube de 1 millimètre de côté, présente à l'air une de ses faces planes; il éprouvera une certaine résistance, et, par suite, une perte de vitesse. (*fig.* 3).

Plaçons un deuxième cube derrière le premier; la résistance sera la même, attendu que le 2ᵉ cube, invariablement contigu au pre-

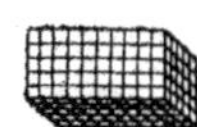

mier, marchera toujours à sa suite ; mais la force nécessaire pour vaincre cette résistance étant fournie par les deux cubes réunis, chacun d'eux ne perd que la moitié de ce que perdait le premier quand il était seul. On verrait de même que

Fig. 3. la perte de vitesse serait de 1/3 pour 3 cubes, et ainsi de suite, de sorte qu'on peut conclure que pour une ligne de cubes de même matière, la perte de vitesse est d'autant plus petite que le nombre des cubes est plus grand ou que la file qu'ils forment est plus longue. Il y a donc avantage à allonger les projectiles pour atténuer les effets de la résistance de l'air.

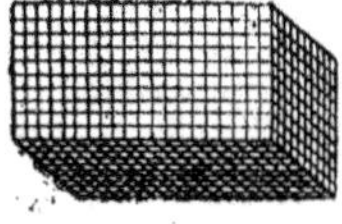

Il reste à prouver maintenant que les gros projectiles perdent moins de vitesse que les petits, quoiqu'ils éprouvent une plus grande résistance.

Supposons un premier projectile à base carrée, ayant 5 millimètres d'épaisseur et 10 millimètres de longueur ; on peut le décomposer en 25 files de 10 cubes (*fig. 4*).

Prenons, en second lieu, un deuxième projectile ayant des formes semblables sous des dimensions doubles ; ce projectile se décompose en 100 files de 20 cubes. La base présente 100 milli-

Figure 4.

mètres carrés au lieu de 25 ; la résistance est donc plus grande ; mais chaque file contient 20 cubes au lieu de 10, et éprouve par conséquent une perte de vitesse moitié moindre que dans le cas précédent.

Ceci explique pourquoi l'artillerie a une plus grande portée que la mousqueterie, et pourquoi les grosses pièces de siége peuvent atteindre plus loin que le canon de campagne.

La matière employée a encore une grande influence sur les pertes de vitesse. Toutes les substances n'ont pas le même poids sous le même volume : un centimètre cube d'eau pèse un gramme, tandis qu'un centimètre cube de fonte pèse 7 grammes ; un centimètre cube de plomb, 11 grammes, et un centimètre cube d'or, 19 grammes. On dit qu'un corps est plus *dense* qu'un autre lorsqu'il pèse plus sous le même volume.

Les densités s'expriment par des nombres ; on est convenu de représenter par 1 la densité de l'eau distillée, et on la prend pour terme de comparaison. En disant d'un corps que sa densité est 3, on indique qu'il pèse trois fois plus que l'eau sous le même volume.

Ceci compris, reprenons 1 cube de 1 millimètre de côté (*fig.* 5) et supposons que, sans changer la dimension de la face opposée à l'air, on ait comprimé la matière de façon à réduire la longueur de moitié ; le corps éprouvera évidemment la même résistance et la même perte de vitesse qu'avant la compression. Qu'on reconstitue le cube en ajoutant une égale quantité de matière également comprimée ; le cube 3 éprouvera la même résistance et perdra moitié moins de vitesse que le cube 1. Le cube 3 a une densité double du cube 1. Ainsi, un boulet de fonte recouvert d'une épaisse chemise de plomb perd moins de vitesse et, par suite, porte plus loin qu'un boulet de même-dimension entièrement en fonte. La densité de la fonte n'est que de 7, tandis que celle du plomb est de 11.

L'air n'a pas partout et toujours la même composition, la même densité ; il se raréfie à mesure que l'on s'élève et il offre moins de résistance sur les hauts plateaux que dans les basses régions.

Dilaté par les grandes chaleurs, l'air est généralement moins dense pendant l'été que pendant l'hiver ; de là encore une différence de résistance suivant la saison.

Enfin la plus ou moins grande quantité d'humidité qu'il contient fait varier sa force de résistance.

Les pertes de vitesse éprouvées par un projectile, par suite de la résistance de l'air, sont donc variables suivant les lieux et les saisons.

Effets combinés de la force de projection, de la pesanteur et de la résistance de l'air.

La trajectoire idéale de la figure (1) change de forme si l'on fait intervenir la résistance de l'air. En effet, le trajet de 1000 mètres ne peut plus se faire en deux secondes, puisque la vitesse de cheminement diminue à chaque instant. Pour obtenir la même portée, il faut donc augmenter la durée de l'ascension et, par suite, la hauteur de la flèche et l'angle de tir.

Supposons que dans ces nouvelles conditions, le trajet total soit effectué en quatre secondes ; il faudra obtenir une ascension de deux secondes. En se reportant au tableau nº 2 on voit que la hauteur du jet doit être alors de 19ᵐ,64 (*fig.* 6).

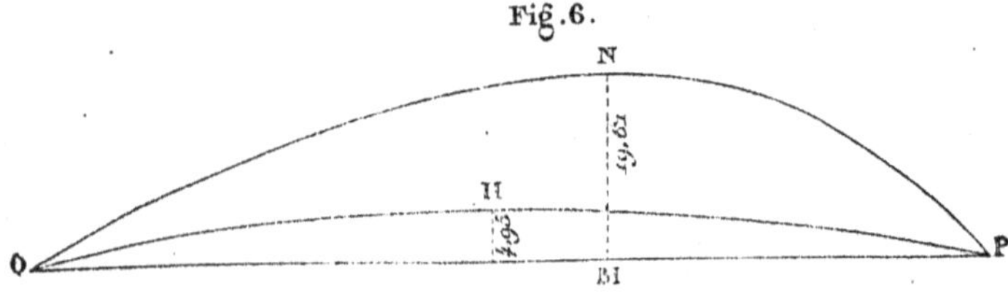

La flèche de la trajectoire ne sera plus au milieu de la portée ; car le projectile fera plus de la moitié du chemin dans la première moitié de la durée du trajet. En d'autres termes, la distance OM, parcourue dans les deux premières secondes, sera plus grande que la distance MP parcourue pendant les deux dernières.

Avec le fusil modèle 1866, il faut faire monter la balle à 20^m,30 pour lui faire franchir une distance de 1000 mètres ; si la résistance de l'air n'altérait pas la vitesse initiale, il suffirait de faire monter le projectile à 7^m,29 pour obtenir la même portée. La résistance de l'air a donc pour effet de tripler la hauteur de la flèche pour une portée de 1000 mètres.

La flèche de 20^m,30 correspond environ à la distance de 550 mètres.

Variations de la portée.

Ligne de mire. — Dans le tir, on dirige l'arme au moyen du cran de la hausse et du sommet du guidon ; la ligne droite qui joint ces deux points s'appelle *ligne de mire.*

Lorsque l'arme est régulièrement pointée, la ligne de mire est dirigée sur le point à atteindre ; elle joint donc le point de départ au point où l'on veut faire arriver la balle.

D'après ce qui a été dit précédemment (page 6), la balle doit être lancée au-dessus de cette ligne pour retomber sur le but ; c'est-à-dire que la ligne de tir doit toujours être dirigée au-dessus de la ligne de mire.

Angle de mire. — Pour que la ligne de tir passe au-dessus de la ligne de mire, on donne au cran de la hausse une plus forte saillie qu'au sommet du guidon. L'inclinaison de la ligne de tir sur la ligne de mire s'appelle *angle de mire.*

Variations de la portée avec l'angle de mire. — D'après ce qui a été dit plus haut, et en supposant toujours un tir horizontal, qui est le tir habituel, la portée dépend de deux conditions :

1° Le temps que le projectile met à monter au-dessus de la ligne de mire et à redescendre ;

2° La vitesse avec laquelle il s'éloigne du point de départ pendant son ascension et sa chute.

Dans les tirs de mousqueterie, lorsqu'on tire sous des angles inférieurs à 5°, la vitesse de cheminement est sensiblement la même pour les armes qui emploient la même cartouche. La portée dépend alors uniquement du temps que le projectile met à monter et à redescendre. Donc, pour augmenter la portée, il faut augmenter la durée de l'ascension ; c'est-à-dire faire monter le projectile plus haut, ce qu'on obtient en augmentant l'angle de mire ; c'est-à-dire en augmentant la hausse.

La hausse a donc pour but de régler la durée de l'ascension de la balle de manière à la faire retomber à une distance déterminée du point de départ.

La portée n'augmente pas indéfiniment avec l'angle de projection; ainsi, le maximum de distance auquel chacun peut lancer une pierre à force de bras, correspond à une certaine inclinaison de projection que tout enfant connaît approximativement. Une pierre lancée sous une inclinaison plus grande que cet angle limite, monte plus haut mais retombe moins loin. Le résultat serait le même avec une balle qu'avec une pierre.

Avec les armes portatives on n'a jamais occasion de tirer sous *l'angle du maximun de portée*. La portée efficace est limitée par la justesse. Ainsi, si le tir est irrégulier à 1200 mètres, il est inutile de régler le tir pour une distance plus grande. Or, avec le fusil modèle 1866, la portée de 1200 mètres s'obtient avec un angle de mire de 4° 53′, tandis que l'angle du maximum de portée est de 27° environ.

Le tir du fusil modèle 1866 conserve une certaine régularité jusqu'à la distance de 2500 mètres, mais ce surplus de portée ne peut être utilisé qu'en employant une hausse supplémentaire et en mettant la crosse sous le bras droit, les poignets supportant l'effet du recul. Ces moyens deviennent pratiques et efficaces pendant un siége. Sur un champ de bataille, des balles lancées au hasard sous de grands angles, peuvent atteindre les réserves jusqu'à la distance de 2700 mètres.

Variations de portée dues à la vitesse. — Lorsque la vitesse est invariable, on obtient toujours la même portée avec la même hausse, mais si la vitesse varie, il faut changer la hausse pour atteindre à la même distance.

Supposons, par exemple, que la vitesse de projection augmente; la balle ayant besoin de moins de temps pour franchir la même distance, devra s'élever moins haut pour retomber au même point; il faudra donc diminuer la hausse pour obtenir la même portée.

Ceci explique pourquoi les hausses sont trop fortes en été, alors que la vitesse de cheminement est plus grande en raison des conditions atmosphériques.

Tension de la trajectoire. — Deux trajectoires ayant même origine, aboutissant au même point, mais décrites avec des vitesses différentes, n'ont pas la même forme puisque la balle qui franchit la distance dans le moins de temps, s'élève moins haut pour redescendre au même point. Donc, plus la vitesse de parcours est grande, plus la trajectoire est rasante. On dit alors qu'elle est plus *tendue*. La trajectoire O H P est plus tendue que la trajectoire O N P. (*fig.* 6.)

On verra plus tard les avantages qui résultent de la tension de la trajectoire.

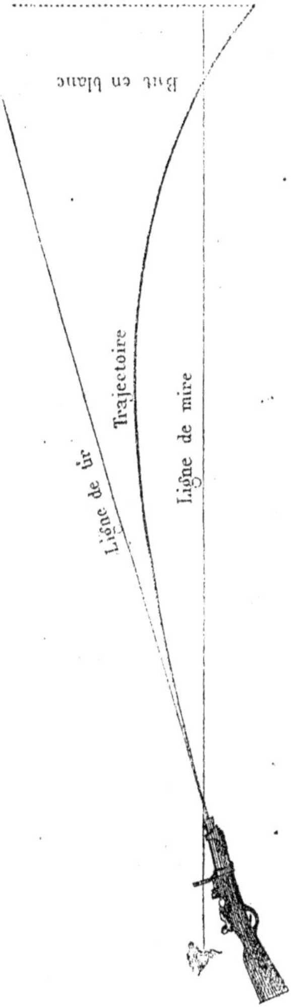

But en blanc. — La ligne de mire, nous l'avons dit, sert à diriger l'arme. Il est indispensable (on le démontrera plus tard) qu'elle soit dans le plan vertical de tir; c'est-à-dire que la hausse et le guidon ne doivent pencher ni à droite ni à gauche.

Cette condition étant remplie, examinons la position relative de la ligne de tir, de la ligne de mire et de la trajectoire (*fig.* 7.)

La *courbe* est coupée en deux points par la ligne de mire; le point d'intersection le plus éloigné de la bouche du canon est ce qu'on appelle le *but en blanc*.

Portée de but en blanc. — La distance comptée sur la ligne de mire, de la bouche de l'arme au but en blanc, est ce que l'on appelle *la portée de but en blanc*.

A la seule inspection de la figure, on reconnaît que pour une ligne de mire déterminée, il n'y a qu'une distance où l'on puisse viser directement le but à atteindre, puisqu'il n'y a qu'un seul but en blanc.

Dans le cas où l'on ne peut pas faire varier les hausses à volonté (ce qui arrive pour les lignes de mire fixes) il est indispensable de faire varier le pointage pour atteindre un objet de petites dimensions.

On reconnaîtra facilement que si l'objet à toucher est plus près que la portée du but en blanc, il faudra, pour l'atteindre, viser au-dessous, de la quantité dont la trajectoire s'élève à cette distance, au-dessus de la ligne de mire; et qu'au contraire, s'il est plus éloigné que le but en blanc, la ligne de mire devra être dirigée au-dessus précisément de la quantité dont la

Figure 7.

trajectoire s'abaisse, à cette distance, au-dessous de cette même ligne de mire.

Pour bien diriger l'arme dans le tir, il est donc indispensable de connaître, à chaque distance, les élévations ou les abaissements de la trajectoire au-dessus ou au-dessous de la ligne de mire. Les procédés à employer pour arriver à ce résultat seront sommairement indiqués dans le chapitre III.

CHAPITRE II

CAUSES DE DÉVIATION. — JUSTESSE DU TIR.

Irrégularités du tir. — Toutes les irrégularités que l'on remarque dans le tir peuvent être imputées à un des cinq éléments suivants :
1º L'arme,
2º La cartouche,
3º Le tireur,
4º La résistance de l'air,
5º La rotation imprimée par les rayures.

1º — L'arme.

Les procédés de fabrication des armes de guerre ne donnent pas des produits identiques ; on n'est jamais bien certain de la position du plan de tir ni de l'angle de mire.

En ce qui concerne la direction, si le cran de mire est à droite du plan de tir, le coup porte à droite du point visé (*fig.* 8).

Si le guidon est à gauche du plan de tir, le coup porte à droite et s'il est à droite le coup porte à gauche.

Dans les deux cas, les déviations sont proportionnelles aux défauts de l'arme et aux distances auxquelles on observe les écarts.

Si la hausse et le guidon sont tous deux mal placés, les déviations s'ajoutent lorsque les deux points sont situés de part et d'autre du plan de tir. Les erreurs se compensent en partie si les deux points se trouvent d'un même côté du plan de tir. Elles peuvent même se neutraliser.

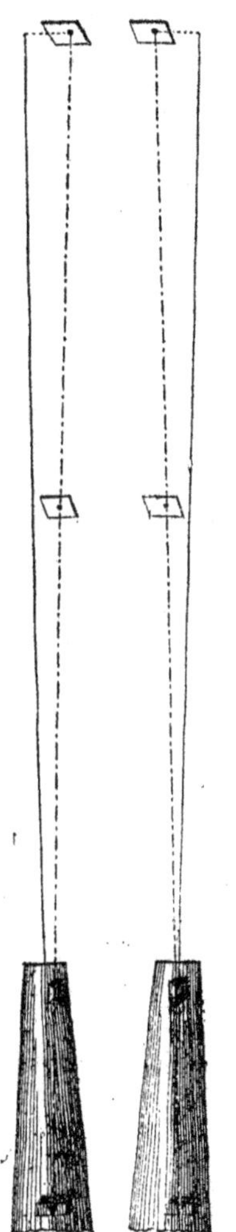

Figure 8.

En ce qui touche l'angle de projection, il n'a la valeur qu'on lui attribue qu'autant que la différence de saillie de la hausse et du guidon est rigoureusement égale à la grandeur que lui assignent les tables de construction.

Le guidon ayant la hauteur voulue, l'angle de mire est trop grand ou trop petit suivant que le cran de la hausse est trop haut ou trop bas.

Au contraire, lorsque le cran est à bonne hauteur, l'angle de mire est trop fort ou trop faible suivant que le guidon est trop bas ou trop haut.

Enfin, si les deux points sont mal établis, les écarts s'ajoutent lorsque les erreurs de construction sont de sens contraire, ils se compensent en partie lorsque ces erreurs sont de même sens; ils se neutralisent complétement si les erreurs sont égales.

Un canon peut être faussé; la balle est alors lancée dans la direction du dernier élément du tube. Il en résulte une déviation dont le sens et la grandeur dépendent et du défaut de l'arme et de la distance à laquelle on en observe les effets.

En résumé, la ligne de mire étant exactement dirigée sur un point déterminé, la balle peut, par suite d'un défaut de l'arme, prendre une direction initiale donnant lieu à un écart par rapport au point qu'on se proposait de toucher. De là, la nécessité pour un tireur de connaître son arme et de savoir en rectifier les défauts suivant les distances du tir.

Dans un autre ordre d'idées, les conditions de forcement et de frottement du projectile dans l'âme varient d'une arme à une autre, parce que les tubes ne sont pas identiques; elles peuvent même varier dans la même arme, d'un coup à l'autre, en raison de la différence d'encrassement.

Ces inégalités de conditions se traduisent

par des différences dans les vitesses initiales et, par suite, dans les portées.

2° — La cartouche.

La vitesse initiale imprimée à la balle par la charge de poudre est et sera toujours sujette à certaines variations. Il est d'abord impossible que toutes les poudreries fournissent des produits identiques. Il est même reconnu que toutes les poudres fabriquées dans le même établissement à des époques différentes, n'ont pas exactement les mêmes propriétés balistiques. Si l'on a des différences à constater dès la fabrication, ces différences seront bien plus considérables après quelques années d'emmagasinage.

La confection des cartouches amène encore des variations dans les vitesses initiales : La poudre n'est pas en égale quantité ni également tassée dans tous les étuis ; les balles n'ont pas toutes le même poids, les mêmes dimensions. Même en supposant une identité parfaite dans la fabrication de la poudre, dans la confection et le graissage des cartouches, il faut encore tenir compte de leur état de conservation.

Si l'on ajoute à cette énumération les observations déjà développées à propos de l'arme, on voit combien sont nombreuses les causes qui peuvent faire varier la vitesse initiale.

3° — Le tireur.

Mettre en joue en maintenant l'appareil de pointage dans le plan vertical de tir, bien prendre la ligne de mire, amener cette ligne sur le point à viser, maintenir l'arme immobile dans cette position pendant que le doigt agit sur la détente pour faire partir le coup, sont des opérations fort difficiles à exécuter avec précision ; on n'obtient que des à peu près. Les deux premières méritent une attention toute particulière dans les exercices préparatoires de tir.

Il faut d'abord faire comprendre aux hommes que lorsqu'ils penchent l'arme à gauche, par exemple, la balle porte à gauche et trop bas. On pourra employer la démonstration suivante.

Après avoir enlevé la culasse du fusil, on place la tête mobile à l'entrée de la boîte de culasse et un réticule à la bouche. (Les fils sont portés par un anneau de fer blanc ou de carton (*fig.* 9).

L'arme étant ainsi disposée et placée sur un chevalet de pointage, on vise un point en prenant la hausse de 800 mètres, par exemple, puis, sans déranger l'arme, on vise par le trou de l'aiguille et l'intersection des fils et on fait marquer le point *a* où cette ligne prolongée rencontre le mur ou la cible ; si l'opération est bien faite, le point *a* doit être sur la même verticale que le point visé *o*, et au-dessus de lui.

Figure 9.

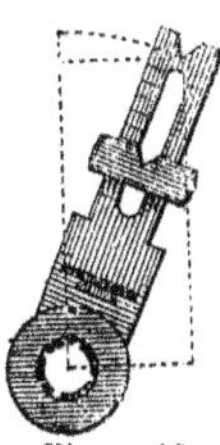

Figure 10.

Cela fait, on penchera l'arme à droite, par exemple (*fig.* 10), et l'on recommencera l'opération en faisant marquer le point *b* où aboutit, en second lieu, la ligne de tir. Ce point sera à droite de la verticale *o*, et plus bas que le point *a* (*fig.* 11).

Si le premier pointage devait amener le projectile en *o*, la deuxième le conduira en *d*, *bd* étant égal à *ao*. La balle aura donc porté trop à droite de la quantité $fo = cb$, et trop bas de la quantité $fd = ac$.

Donc, lorsqu'on incline la hausse à droite ou à gauche, le coup porte du côté où penche l'appareil de pointage, et au-dessous du point où il serait arrivé si la hausse eût été régulièrement placée.

La hausse et le guidon étant maintenus dans le plan vertical de tir, le pointage n'est régulier qu'autant que le tireur prend le guidon de la même façon que l'expérimentateur qui a réglé la hausse.

Prendre le guidon plus plein, c'est prendre une hausse plus forte, et, par suite, augmenter la portée.

On indiquera dans la 3e partie, les moyens pratiques à employer pour amener le soldat à pointer régulièrement et à faire partir le coup lorsque l'arme est bien en direction.

On peut encore attribuer au tireur les écarts provenant du mouvement de recul de l'arme.

Il est prouvé aujourd'hui que le mouvement de recul est commencé avant que la balle soit sortie de l'âme, et que le pointage n'est plus régulier au moment où le projectile sort du tube. La résistance de l'épaule, en s'opposant au recul, occasionne une double déviation du pointage :

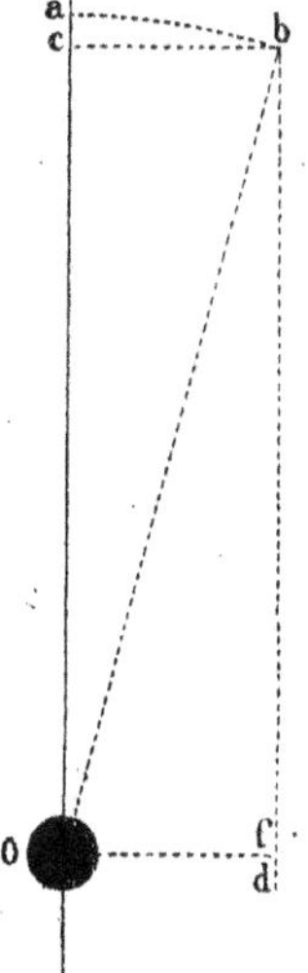

Figure 11.

1° L'arme se relève en pivotant autour de l'épaule ;

2° Le tireur tourne un peu sur lui-même en imprimant à l'arme une légère déviation à droite.

Cette double déviation doit faire porter le coup trop haut et trop à droite. Les hausses sont réglées de manière à tenir compte du relèvement. Quant à la déviation latérale, elle est variable suivant le tireur. A chacun le soin d'en corriger les effets.

Pour les mêmes motifs, les pistolets portent haut et à gauche : haut à cause du relèvement dû à l'inclinaison de la crosse, à gauche en raison du mouvement imprimé à l'avant-bras droit par le recul.

On peut corriger cette déviation en réglant en conséquence les hauteurs et les emplacements de la hausse et du guidon.

On corrige le relèvement en surélevant le guidon. On neutralise la déviation à gauche en plaçant le cran de mire à droite ou le guidon à gauche du plan de tir.

Les irrégularités de tir imputables aux tireurs sont aujourd'hui les plus considérables. L'instruction a pour but de les diminuer autant que possible. Cette instruction peut être réputée bonne, lorsque les écarts dus aux tireurs ne dépassent pas la somme de toutes les déviations dues à l'arme et à la cartouche.

4° — La résistance de l'air.

L'air est sujet à des variations suivant les lieux et les saisons; en outre, il contient de l'humidité dans des proportions très-variables. De là, des différences dans la résistance et, par suite, dans les portées. Aussi les hausses doivent-elles être réglées chaque jour lorsqu'on veut faire un tir de précision. Les portées obtenues avec la même arme et la même hausse peuvent varier de près de 100 mètres d'une saison à une autre quand on tire au delà de 1200 mètres.

L'atmosphère est rarement dans l'état de repos où nous l'avons supposée précédemment. Si le vent souffle de droite, la balle est rejetée à gauche en dehors du plan de tir; elle est jetée à droite si le vent souffle de gauche.

Le vent arrière équivaut à une diminution de la résistance de l'air et se traduit, par conséquent, par une légère augmentation de portée; les coups portent donc un peu trop haut. Les coups doivent porter trop bas par un vent debout.

Les effets du vent arrière et du vent debout sont peu sensibles dans la pratique; il n'est guère nécessaire de s'en préoccuper même aux grandes distances. Il n'en est pas ainsi des déviations latérales dues au vent de droite et au vent de gauche, surtout avec des projectiles allongés; ces déviations peuvent atteindre 10 et 12 mètres à la distance de 1000 mètres.

On prévoit toujours le sens de la déviation due au vent. Après quelques coups d'essai, on en détermine approximativement la valeur et l'on règle le tir en conséquence.

La correction de pointage est très-difficile lorsque le vent souffle par raffales et que le tireur est obligé de choisir le moment favorable pour lâcher le coup; mais cette correction est toujours indiquée au moins en direction.

Les irrégularités dues à la forme des projectiles donnent lieu à des déviations très-considérables. L'expérience a prouvé, en effet, que malgré tous les soins apportés dans le tir du fusil d'infanterie à canon lisse, la balle sphérique s'écartait du but horizontalement ou verticalement en moyenne:

$$\text{De } 0^m,27 \text{ à } 100^m;$$
$$\text{De } 0^m,60 \text{ à } 150^m;$$
$$\text{De } 1^m,03 \text{ à } 200^m;$$
$$\text{De } 3^m,38 \text{ à } 300^m;$$
$$\text{De } 6^m,56 \text{ à } 400^m.$$

Les écarts horizontaux ou verticaux extrêmes de la balle du fusil d'infanterie tiré sur appui par d'adroits tireurs, étaient approximativement :

$$\text{De } 0^m,70 \text{ à } 100^m;$$
$$\text{De } 1^m,70 \text{ à } 150^m;$$
$$\text{De } 3^m,50 \text{ à } 200^m;$$
$$\text{De } 11^m,00 \text{ à } 300^m;$$
$$\text{De } 25^m,00 \text{ à } 400^m;$$

Ces énormes déviations, auxquelles on a peine à croire aujourd'hui, étaient dues surtout aux défauts de sphéricité et d'homogénéité des projectiles, et aux rotations irrégulières que ces défauts engendraient, soit dans le canon, soit pendant le trajet dans l'air.

5° — Rotation imprimée par les rayures.

Après avoir vainement cherché à empêcher les rotations nuisibles à la justesse du tir, on a été conduit à les régulariser.

L'expérience et le raisonnement ont, en effet, fait reconnaître qu'on peut donner à un projectile un mouvement de rotation particulier qui n'occasionne aucune déviation. Cette rotation particulière est celle qui s'établit autour d'un axe se confondant avec la direction du mouvement de translation.

Lorsqu'une balle est animée d'une rotation régulière et rapide autour de son axe, ce mouvement tend à se maintenir avec une grande énergie. Les canons rayés ont pour but de donner aux projectiles, quelle que soit leur forme, le seul mouvement de rotation qui n'occasionne pas de déviation dans l'air. Avec des balles allongées, ce mouvement doit être très-rapide pour qu'il maintienne le projectile la pointe en avant pendant tout son trajet, malgré les causes qui tendraient à faire basculer l'axe de rotation.

Les dispositions particulières à donner à l'arme et au projectile pour arriver à ce résultat seront sommairement indiquées dans la 2e partie.

On appelle *pas d'une rayure*, la longueur sur laquelle cette rayure fait un tour complet dans l'intérieur de l'âme. Lorsqu'on dit qu'un canon est rayé au pas de $0^m,50$, on indique que la rayure ou la balle qui y est engagée fait un tour complet sur une longueur de $0^m,50$.

Connaissant le pas de la rayure et la vitesse initiale de la balle, on trouve aisément la *vitesse initiale de rotation*. Ainsi, la balle du fusil modèle 1866, qui est lancée avec une vitesse de 410 mètres par seconde par un canon rayé au pas de $0^m,55$, fait dans une seconde autant de tours sur elle-même qu'il y a de fois $0^m,55$ dans 410 mètres. Elle tourne donc avec une vitesse de 745 tours par seconde ;

$$\frac{410}{0^m,55} = 745.$$

Lorsqu'une balle animée d'une pareille rotation présente un petit défaut extérieur qui tend à produire une déviation, ce défaut prend dans $\frac{1}{745}$ de seconde toutes les positions possibles autour de l'axe, de sorte que s'il tend à faire dévier la balle dans un sens quelconque, il passe presque instantanément du côté opposé pour engendrer une déviation de sens contraire qui neutralise la première ; la balle se trouve donc ramenée à chaque instant sur sa route normale, et ne peut conséquemment s'en écarter que de faibles quantités.

D'après ce qui précède, la rotation imprimée au projectile par les rayures est un agent de régularisation du tir et non une cause de déviation. Cet agent donne cependant lieu à des déviations particulières qu'il est nécessaire d'examiner ; car c'est de la diminution de ces irrégularités que dépend l'amélioration de la justesse.

La rotation imprimée au projectile n'assure la justesse du tir que si elle est parfaitement régulière. Or, la rotation devient irrégulière lorsque les projectiles ne sont pas parfaitement *centrés*, c'est-à-dire lorsque la matière n'est pas également répartie autour de l'axe de rotation. C'est ce qui arrive toujours dans la pratique, soit parce que la balle n'est pas régulière dans sa forme extérieure, soit parce qu'il existe des soufflures intérieures provenant du retrait du plomb, soit parce que la balle est placée plus ou moins de travers dans l'âme.

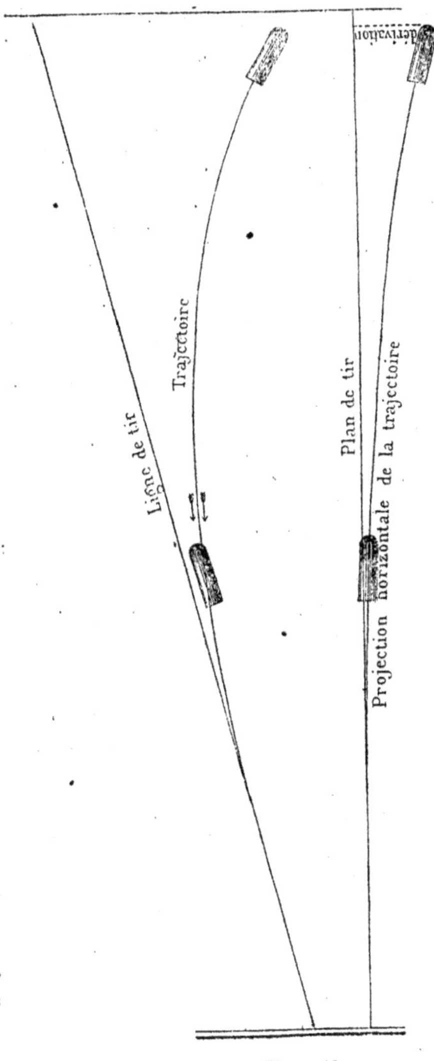

Figure 42.

C'est au défaut de *centrage* qu'il faut attribuer la presque totalité des déviations des armes rayées. Donc, pour obtenir de la justesse, il faut employer des projectiles réguliers, centrés dans le canon et prenant dans l'âme, un mouvement de rotation très‑rapide autour de leur axe. Les progrès de l'avenir dépendent de la réalisation plus ou moins complète de ces conditions.

Dérivation (*fig.* 12). On n'emploie plus aujourd'hui que des projectiles allongés ; ils donnent lieu à une déviation particulière que l'on a constatée dès les premiers essais, mais qui n'a été expliquée que longtemps après.

Pour que le mouvement de rotation même régulier, ne donne pas lieu à des déviations, il est indispensable que l'axe de ce mouvement se confonde avec la direction du mouvement de translation. Cette condition ne peut être remplie qu'autant que l'axe de la balle est ramené à chaque instant sur la direction de la trajectoire par l'effet de la résistance de l'air. C'est ce qui arrive en effet, mais il arrive aussi que l'axe est dévié par rapport au plan de tir : la pointe incline à droite lorsque l'arme est rayée de gauche à droite comme l'ancien fusil modèle 1857; à gauche, lorsque l'arme est rayée en sens inverse comme le fusil modèle 1866. La balle, dans le premier cas, présente son travers gauche à la résistance de l'air, elle dévie à droite; elle dévie à gauche dans le second cas.

Les causes se reproduisant à chaque coup de la même manière, la déviation qu'elles engendrent est toujours dans le même sens et conserve la même valeur à chaque distance.

Cette déviation particulière et constante des balles allongées a reçu le nom de *dérivation*.

La dérivation n'est sensible qu'aux grandes distances, c'est-à-dire au delà de 600 mètres.

Mesure de la justesse.

La balle a toujours un *écart* qui peut se produire en hauteur ou en largeur.

L'écart en hauteur est appelé *écart vertical.*

L'écart en largeur prend le nom d'*écart horizontal*. Le plus souvent ces deux écarts se produisent simultanément.

Ainsi, traçons deux lignes, l'une verticale et l'autre horizontale, se croisant sur le point visé et supposons qu'un coup frappe la cible en E; on voit qu'il est trop haut de la quantité EG et trop à droite de la quantité EF; EG est l'écart vertical du coup, et EF son écart horizontal (*fig.* 13).

Par suite de ces deux écarts qui se sont produits simultanément, le coup s'est éloigné du centre O d'une quantité EO plus grande que chacun des écarts en hauteur et en largeur. Cette quantité s'appelle l'*écart absolu* du coup; c'est la distance du centre du noir au centre du trou fait par le projectile.

Un tir est d'autant meilleur que la moyenne des écarts produits est plus petite et l'on est naturellement porté à faire cette moyenne pour comparer les tirs entre eux.

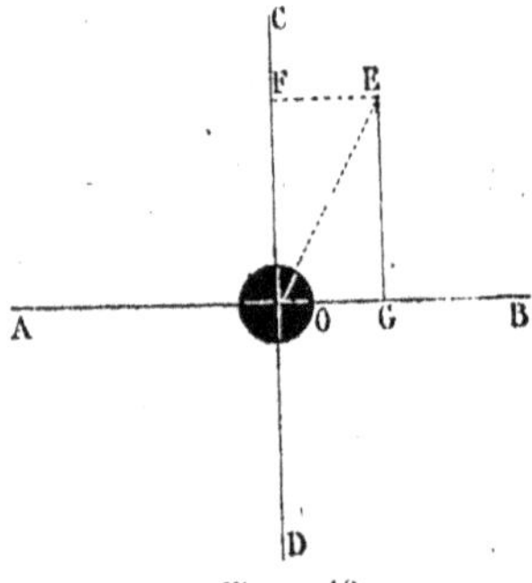

Figure 13.

On appelle *écart vertical moyen* la moyenne des écarts verticaux ;

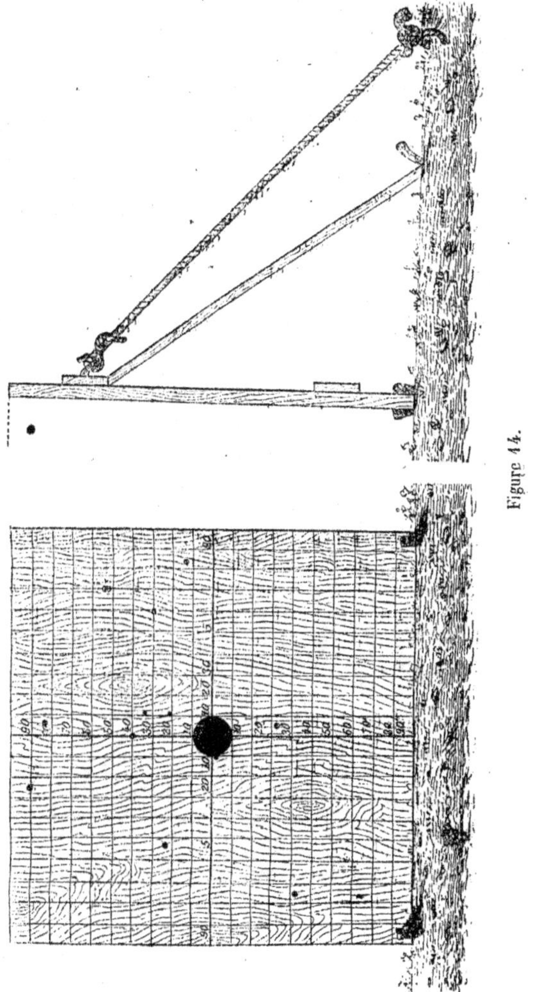

Figure 14.

c'est-à-dire la somme de tous ces écarts divisée par le nombre de coups relevés.

L'écart horizontal moyen est la moyenne des écarts horizontaux.

L'écart absolu moyen est la moyenne des écarts absolus.

Ces trois quantités, qui servent à apprécier la valeur d'un tir d'expérience, s'obtiennent d'une manière très-simple.

On exécute les tirs de ce genre sur de grandes cibles divisées en petits carrés de 0ᵐ,1 de côté, de sorte qu'il est possible de prendre, à un centimètre près, la distance d'un coup quelconque aux deux axes qui se croisent sur le milieu du noir (*fig.* 14).

Après avoir relevé la situation de chaque coup, on fait le tableau figuratif du tir. Il reproduit, à des dimensions plus petites, le tir tel qu'il était sur le panneau. On peut en déduire l'écart absolu de chaque coup et, par suite, l'écart absolu moyen (*fig.* 15.)

Il arrive souvent dans les expériences que les coups se groupent complétement en dehors du point visé.

Ainsi, si la hausse employée est trop faible, ils se groupent au-dessous; ils se groupent à gauche ou à droite suivant le cas, si la ligne de mire n'est pas dans le plan vertical de tir.

Lorsque le vent est fort et qu'il est perpendiculaire au plan de tir, il rejette tous les coups du côté opposé.

Toutes ces causes se trouvent quelquefois réunies et portent le groupement à de grandes distances du point visé. Les écarts absolus de chaque coup deviennent ainsi très-considérables et l'écart absolu moyen, qui doit donner la mesure de la justesse, atteint une dimension qui dénote un mauvais tir.

Le tir cependant peut être bien groupé et, dans ce cas, l'arme qui l'a produit peut être réputée bonne. Il suffira, pour obtenir avec cette arme un tir réellement efficace, de faire disparaître ou de neutraliser les causes qui ont éloigné la masse des coups du point visé.

La manière dont une arme groupe ses coups donnant la mesure de sa valeur comme tir, il faut pouvoir faire abstraction, dans l'appréciation de sa justesse, des causes accidentelles qui éloignent les projéctiles du point visé. On prend, à cet effet, l'écart absolu moyen par rapport au centre du groupement auquel on donne le nom de *point moyen*.

Par des procédés simples, qu'il est inutile de détailler, on arrive à déterminer la position du point moyen, à le marquer sur les tableaux figuratifs et à mesurer les écarts absolus de tous les coups par rapport à ce point.

L'écart absolu moyen par rapport au point moyen donne une idée très-exacte de la justesse d'une arme lorsqu'on a un étalon qui permet la comparaison.

ESSAI D'UN FUSIL DU SYSTEME XYZ.

TIR A 400 M.s

21 NOVEMBRE 1872. (Temps sombre, vent de gauche.)

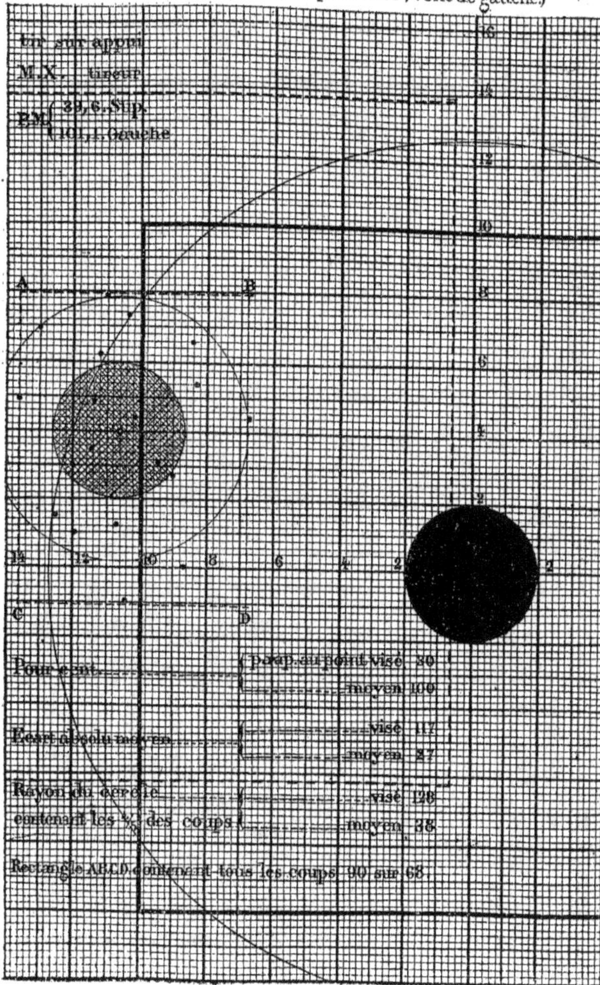

Figure 45.

Le tableau suivant, établi d'après les résultats d'un grand nombre d'expériences, permet d'apprécier sûrement tout résultat nouveau.

DISTANCES.	1 — Mauvais tir.	2 — Tir médiocre.	3 — Tir assez bon.	4 — Bon tir.	5 — Très-bon tir.	6 — Tir excellent.	7 — Tir de précision.
100ᵐ	0ᵐ,25	0ᵐ,12	0ᵐ,08	0ᵐ,07	0ᵐ,06	0ᵐ,05	0ᵐ,035
200	1 ,00	0 ,38	0 ,22	0 ,17	0 ,13	0 ,10	0 ,08
300	2 ,50	0 ,73	0 ,40	0 ,28	0 ,23	0 ,17	0 ,12
400	6 ,50	1 ,20	0 ,62	0 ,44	0 ,34	0 ,23	0 ,17
500	»	1 ,80	0 ,94	0 ,56	0 ,46	0 ,33	0 ,22
600	»	2 ,50	1 ,26	0 ,75	0 ,60	0 ,46	0 ,31
700	»	»	1 ,75	1 ,04	0 ,84	0 ,62	0 ,42
800	»	»	2 ,50	1 ,35	1 ,07	0 ,85	0 ,62
900	»	»	»	1 ,84	1 ,44	1 ,12	0 ,85
1000	»	»	»	2 ,50	1 ,87	1 ,46	1 ,12
1100	»	»	»	»	2 ,50	1 ,94	1 ,64
1200	»	»	»	»	»	2 ,50	1 ,92
1300	»	»	»	»	»	»	2 ,50

Les résultats d'expérience exprimés par des pour cent peuvent être jugés à l'aide des résultats suivants, à la condition, bien entendu, de tenir compte de la dimension du but employé dans l'expérience.

DIS-TANCES.	DIMENSIONS du BUT.	1 — Mauvais tir.	2 — Tir médiocre.	3 — Assez bon tir.	4 — Bon tir.	5 — Très-bon tir.	6 — Excellent tir.
100	2ᵐ sur 0ᵐ,50	50	60	80	90	100	100
200	2 sur 1 ,00	20	35	70	85	95	100
300	2 sur 1 ,50	7	25	60	80	90	100
400	2 sur 2 ,00	2	15	40	70	80	100
500	2 sur 2 ,50	»	10	30	60	70	100
600	2 sur 3 ,00	»	6	20	50	60	100
700	2 sur 3 ,50	»	»	15	40	50	95
800	2 sur 4 ,00	»	»	10	30	40	90
900	2 sur 4 ,50	»	»	»	20	30	80
1000	2 sur 5 ,00	»	»	»	15	25	70
1100	2 sur 5 ,50	»	»	»	»	20	60
1200	2 sur 6 ,00	»	»	»	»	»	50

CHAPITRE III

TRAJECTOIRE MOYENNE. — RÈGLES DE TIR.

Quelque soin que l'on mette à charger et à pointer une arme constamment de la même manière, chaque projectile lancé prend une route différente.

On voit donc qu'il ne suffit pas d'étudier isolément la trajectoire décrite par un seul projectile ou, en d'autres termes, qu'on ne saurait se contenter d'une seule observation pour poser une règle ; il faut tirer un grand nombre de coups pour que les déviations de toute nature aient le temps de se produire, et baser les règles sur la moyenne des résultats.

Trajectoire moyenne.

Supposons que l'on ait établi sur le champ de tir des écrans qu'une balle puisse traverser sans que sa vitesse soit altérée d'une manière sensible, et que l'on ait tiré un grand nombre de coups dans des conditions aussi identiques que possible; les diverses trajectoires formeront un faisceau dont le passage sur les écrans sera marqué par les trous des projectiles.

On se figure très-bien, au centre de ce faisceau, une courbe moyenne telle, que tous les écarts produits soient également répartis dans tous les sens autour de cette ligne. Cette courbe imaginaire se nomme la *trajectoire moyenne* (*fig*. 16). Elle passe par les points moyens dont on peut déterminer la position sur chaque écran.

Si l'on mesure la distance verticale de ces points moyens à une ligne de base joignant l'origine commune O au point moyen de la dernière distance (1000 mètres par exemple), on connaîtra la trajectoire moyenne de l'arme mise en expérience pour une portée de 1000 mètres.

Cette manière de procéder, très-frappante pour l'intelligence du résultat, présente de sérieuses difficultés pratiques en raison des élévations considérables de la trajectoire lorsqu'on tire à de grandes distances.

Faute de moyens suffisants, on est obligé d'opérer en détail; on

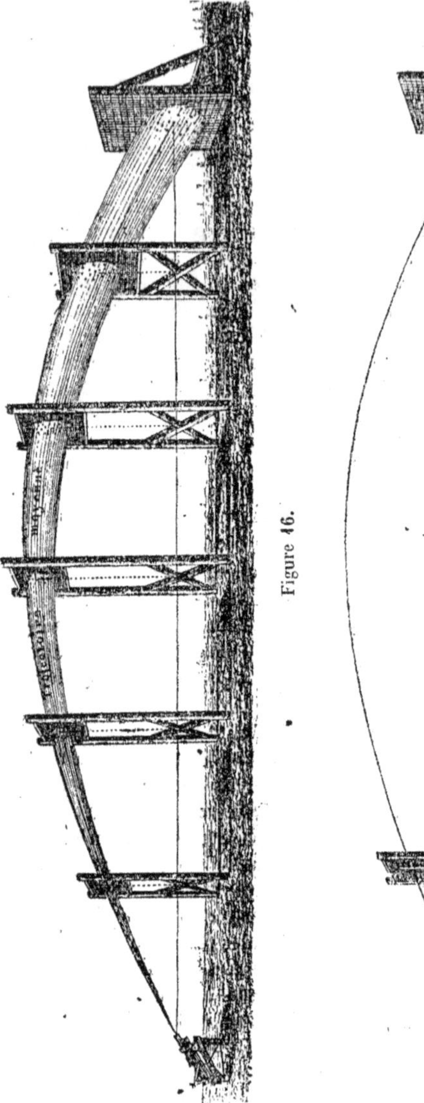

Figure 16.

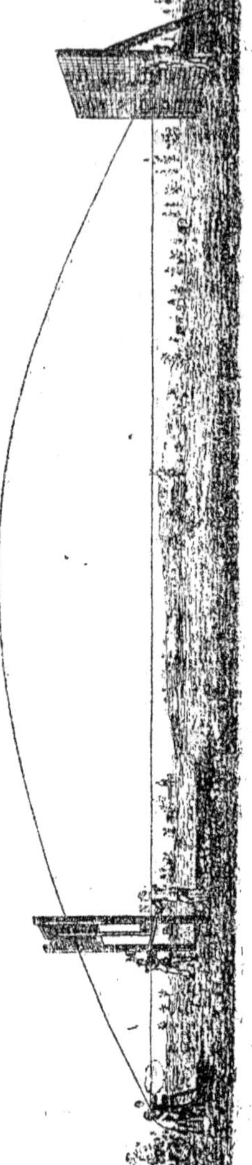

Figure 17.

se sert d'un seul écran que l'on transporte successivement aux diverses distances pour lesquelles on veut avoir les élévations de la trajectoire. — A chaque distance et pour chaque coup, on mesure la hauteur du passage de la balle dans l'écran, au-dessus de la ligne qui joint le point de départ au point d'arrivée (*fig.* 17).

La moyenne des résultats donne tous les renseignements nécessaires pour obtenir la représentation graphique de la trajectoire moyenne.

Tracé. — Sur une longueur indéfinie O H (*fig.* 18), représentant la ligne de base, on prendra des longueurs proportionnelles aux distances de tir. A chacun des points de division ainsi obtenus, on mènera des perpendiculaires sur lesquelles on prendra, à une échelle convenable, des longueurs proportionnelles aux élévations trouvées à chaque distance. Joignant ensuite les extrémités des perpendiculaires par une ligne courbe, on obtient la représentation graphique de la trajectoire. Il est souvent impossible de faire passer une courbe régulière par tous les points marqués sur les perpendiculaires; cela tient à ce que certaines quantités ont été mal déterminées, par suite de causes d'irrégularité que le tireur n'a pas remarquées ou qu'il n'a pu neutraliser. Alors on trace une courbe régulière qui laisse autant de points en dessous qu'en dessus et qui se rapproche le plus possible des données de l'expérience.

Les élévations de la trajectoire sont tellement minimes par rapport à la ligne de base que, pour représenter les résultats de l'expérience d'une manière distincte, on est obligé d'employer des échelles plus petites pour les distances de tir que pour les cotes de la trajectoire. Le choix des échelles dépend de la portée totale à représenter et des dimensions du papier.

Le dessin ne donnant jamais la forme réelle de la trajectoire, la représentation n'a de valeur que par comparaison avec la représentation aux mêmes échelles d'une trajectoire connue.

La figure 19 représente la trajectoire moyenne du fusil modèle 1866 pour une portée de 1000 mètres; on peut en déduire les cotes de la trajectoire pour une portée inférieure quelconque.

Si l'on veut avoir, par exemple, la trajectoire de 800 mètres, on joindra le point O au point *m* où la verticale de 800 mètres coupe la trajectoire; les portions des verticales interceptées entre cette ligne et la courbe, bien qu'obliques à la nouvelle ligne de base, sont sensiblement égales aux élévations cherchées. On aura la valeur de chacune d'elles, soit en la mesurant directement sur le dessin, soit en la déduisant par le calcul de l'élévation trouvée pour 1000 mètres de portée.

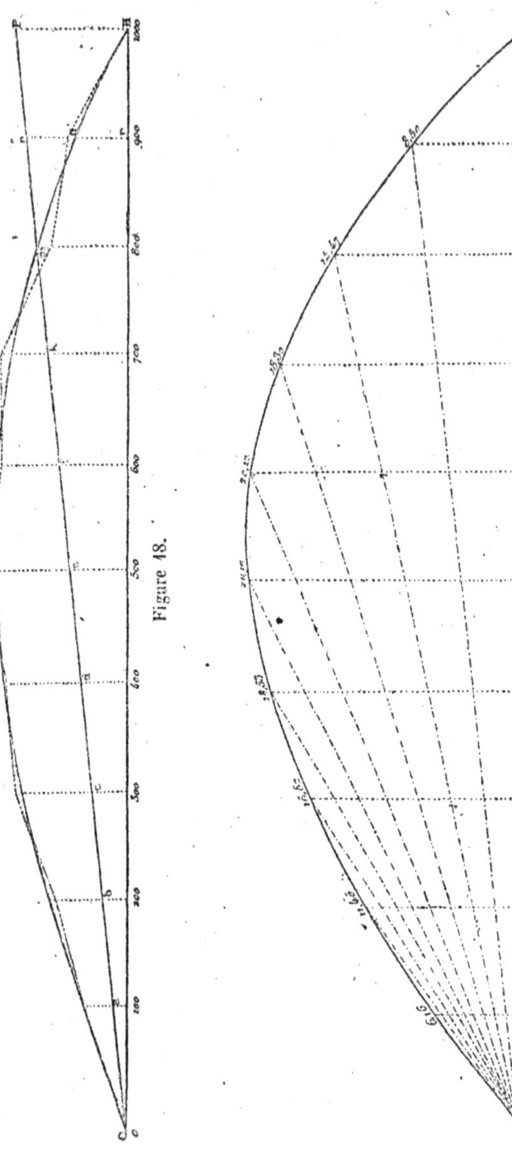

Figure 18.

Figure 19.

HAUTEURS DE LA TRAJECTOIRE DU FUSIL MODÈLE 1866 au-dessus des diverses lignes de mire.

DIS-TANCES.	50	100	150	200	250	300	350	400	450	500	550	600	650	700	750	800	850	900	950	1000	HAUTEURS maxima ou flèches de la trajectoire.	ANGLES de projec-tion.
200ᵐ....	0,27	0,42	0,34	0,00	-0,60	-1,50	-2,75	-4,22	»	»	»	»	»	»	»	»	»	»	»	»	0,43	0° 26'
300	0,51	0,92	1,05	1,00	0,68	0,00	-1,15	»	»	»	»	»	»	»	»	»	»	»	»	»	1,07	0° 42'
350	0,64	1,20	1,50	1,54	1,36	0,82	0,00	-1,00	»	»	»	»	»	»	»	»	»	»	»	»	1,56	0° 51'
400	0,78	1,46	1,88	2,05	2,00	1,60	0,93	0,00	-1,38	-3,05	-5,20	-7,70	»	»	»	»	»	»	»	»	2,07	1° 1'
500	1,10	2,08	2,82	3,28	3,50	3,45	3,10	2,48	1,42	0,00	-1,80	»	»	»	»	»	»	»	»	»	3,52	1° 22'
600	1,43	2,75	3,82	4,62	5,21	5,48	5,42	5,15	4,40	3,35	1,88	0,00	»	»	»	»	»	»	»	»	5,50	1° 45'
700	1,80	3,47	4,95	6,20	7,05	7,67	8,07	8,10	7,75	7,05	5,92	4,40	2,45	0,00	»	»	»	»	»	»	8,12	2° 10'
800	2,20	4,30	6,15	7,75	9,07	10,07	10,87	11,30	11,35	11,30	11,05	9,26	7,75	5,75	3,12	0,00	»	»	»	»	11,54	2° 38'
900	2,65	5,15	7,42	9,50	11,26	12,63	13,92	14,75	15,25	15,38	15,11	14,47	13,35	11,78	9,61	6,95	3,57	0,00	»	»	15,40	3° 8'
1000	3,15	6,16	8,85	11,45	13,57	15,52	17,20	18,53	19,50	20,10	20,30	20,12	19,45	18,30	16,65	14 47	11,77	8,50	4 50	0,00	20,30	3° 41'

Hausses et règles de tir.

La hausse, nous l'avons dit, est un moyen simple de marquer et de retrouver à volonté l'inclinaison qu'il faut donner à l'arme pour obtenir telle ou telle portée.

Les hausses sont déduites de la connaissance de la trajectoire moyenne.

Une ligne de mire quelconque n'ayant qu'un seul but en blanc ne peut servir qu'à une seule distance, si l'on veut viser directement le point à atteindre.

Lorsqu'on ne peut pas faire varier à volonté la hauteur du cran de mire (comme cela se présente avec le fusil modèle 1866 de 0 à 500 mètres), on est obligé de viser soit au-dessus soit au-dessous du point à atteindre.

Ainsi, par exemple, pour tirer à la distance de 250 mètres, on peut, ou bien employer la ligne de mire de 200 mètres en visant de $0^m,60$ au-dessus du but, ou bien employer la ligne de mire de 300 mètres en visant de $0^m,68$ au-dessous.

En pareil cas, mieux vaut prendre la hausse la plus forte et viser au-dessous parce que l'on aperçoit très-distinctement le but à atteindre et que l'on peut juger de la correction de pointage que l'on opère.

En visant plus haut que le but, on le couvre et on ne se rend pas bien compte de ce que l'on fait.

Les renseignements contenus dans le tableau ci-contre, qui complète la figure 19, fournissent les éléments nécessaires pour faire exécuter des tirs de précision, soit dans un polygone, soit à la guerre lorsque les avant-postes sont très-rapprochés et qu'il faut faire entrer les balles dans les créneaux des postes ennemis.

Détermination du but en blanc d'une arme de guerre. — Lorsque le but est de petite dimension il faut, pour l'atteindre, faire varier, suivant la distance, soit la hausse, soit la règle de tir.

On ne peut cependant pas songer à régler le tir avec précision pour une distance quelconque; il ne faut pas surcharger la mémoire du soldat de règles dont la multiplicité engendrerait la confusion. Il faut au contraire beaucoup simplifier pour obtenir des résultats. On doit aussi tenir compte de l'émotion dont le tireur ne pourra se défendre dans les combats rapprochés. Pour ces motifs, on pose en principe que sur le champ de bataille, en deçà de 500 mètres, le but à atteindre est un homme debout, et qu'il importe peu qu'il soit atteint à la tête ou aux pieds; en conséquence, l'arme de guerre doit être construite de manière que la première ligne de mire étant dirigée vers la ceinture, la trajectoire ne sorte pas du corps de l'homme.

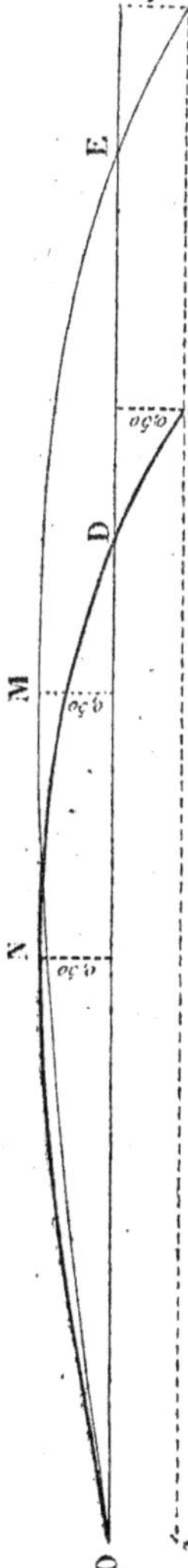

Figure 20.

A cet effet, le premier but en blanc doit être déterminé de manière que la plus grande élévation de la trajectoire au-dessus de la première ligne de mire soit moindre que la demi-hauteur d'un homme. On peut fixer à 0m,50 environ cette flèche convenable.

Le même raisonnement conduit à admettre qu'on peut, dans le tir de guerre, négliger les abaissements inférieurs à 0m,50. Supposons qu'une trajectoire ayant une portée de but en blanc de 200 mètres avec une flèche de 0m,50 environ, ait un abaissement de même valeur à la distance de 250 mètres, cette dernière distance devra être connue du soldat, comme *une portée de fusil.*

Importance de la tension de la trajectoire. — Le tir dans les limites de la *portée de fusil* est le plus simple et le plus certain. Il n'est pas besoin d'insister sur l'énorme avantage d'en augmenter l'étendue. Ainsi, l'arme qui aurait pour trajectoire la courbe O M E C avec une portée de but en blanc O E et une portée de fusil A C, serait bien supérieure comme arme de guerre à celle qui, toutes choses égales d'ailleurs, n'aurait que O D pour portée de but en blanc et A B pour portée de fusil (*fig.* 20.)

Pour augmenter la portée de fusil sans changer la flèche de la trajectoire, il faut rendre la courbe moins prononcée ou tendre la trajectoire. Nous avons déjà dit qu'il fallait pour cela augmenter la force d'impulsion.

Graduation pratique d'une hausse. — Au delà des limites de la portée de fusil, le tir est réglé par des lignes de mire fixes ou par une hausse mobile permettant de faire varier à volonté la hauteur du cran de mire.

La graduation de l'appareil de pointage peut se faire de la manière suivante :

Supposons qu'on veuille déterminer la graduation correspondant à la distance de 700 mètres; on placera le curseur à une position supposée voisine de celle que l'on veut déterminer et on tirera un coup. La balle ricochera par exemple; c'est une preuve que l'angle de mire n'est pas assez grand,

il faut alors relever le curseur d'une certaine quantité et recom-
mencer l'essai. Si au deuxième coup, la balle ricoche comme la
première, quoique plus près de la cible, on augmente encore la hauteur de la hausse. Supposons que la troisième balle passe par-dessus
la cible; la portée est devenue trop grande; il faut diminuer la hausse
et placer le cran entre les deux dernières positions qu'il a occupées;
c'est-à-dire que le cran doit être plus haut que lorsque la balle a
ricoché, et plus bas que lorsque la balle a passé par-dessus la cible.
Le quatrième coup porte dans le panneau. Un observateur placé à
la butte montre avec une palette le point où la balle a frappé. On
tire quelques coups avec la même hausse et l'on estime qu'en
moyenne les coups sont trop haut de 0ᵐ,50, par exemple. En consul-
tant le tableau suivant, on verra de combien il faut descendre le
curseur pour faire baisser le tir de 0ᵐ,50.

DISTANCES.	QUANTITÉS dont on élève ou dont on abaisse le tir quand on augmente ou qu'on diminue la hausse de 1 millimètre.		QUANTITÉS dont il faut augmenter ou diminuer la hausse pour relever ou abaisser le tir de 1 mètre.	
	Fusil mod. 1866.	Carabine transformée.	Fusil mod. 1866.	Carabine transformée.
1	2	3	4	5
300 mètres..	0ᵐ ,44	0ᵐ ,40	2ᵐᵐ,04	2ᵐᵐ,5
400.	0 ,54	0 ,53	1 ,80	1 ,9
500.	0 ,73	0 ,66	1 ,30	1 ,5
600.	0 ,87	0 ,80	1 ,14	1 ,2
700.	1 ,02	0 ,93	0 ,97	1 ,1
800.	1 ,16	1 ,07	0 ,86	0 ,9
900.	1 ,30	1 ,20	0 ,76	0 ,8
1000.	1 ,46	1 ,33	0 ,68	0 ,7
1100.	1 ,62	1 ,46	0 ,64	0 ,68

Si l'arme essayée était construite dans les mêmes conditions que
le fusil modèle 1866, il faudrait baisser le curseur de 1/2 millimètre
environ, plus exactement de $\dfrac{0^{mm},97}{2}$ (colonne 4).

Cette diminution faite, on tire encore quelques coups et on corrige de nouveau, s'il y a lieu, jusqu'à ce qu'on ait obtenu (à peu
près) autant de coups en dessus qu'en dessous.

Quand cette condition est remplie, on repère la position du curseur et, alors, on a déterminé l'angle de mire ou la hausse à employer
ployer dour porter le but en blanc de l'arme à 700 mètres.

On répète cette opération de 50 en 50 mètres ou de 100 en

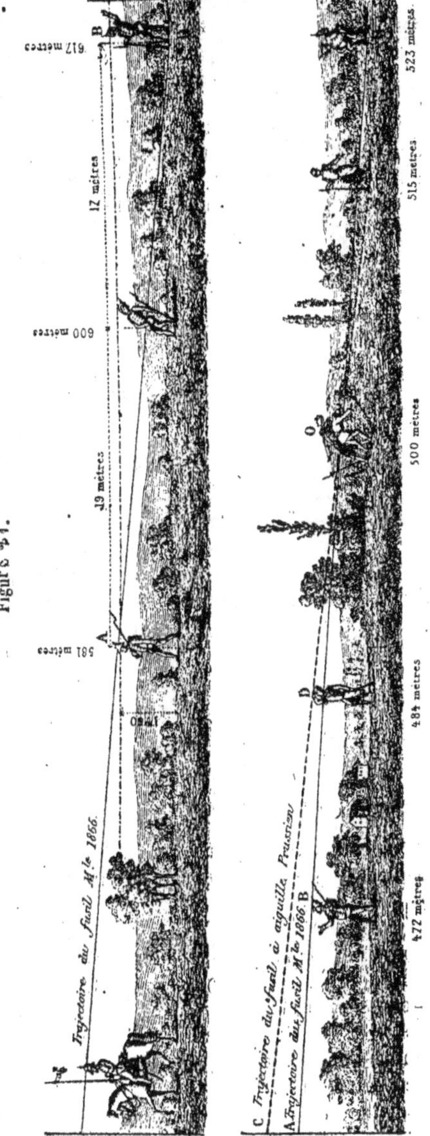

100 mètres, et l'on arrive à régler la hausse dans les limites de justesse de l'arme essayée.

On sait déjà que le règlement d'une hausse n'a rien d'absolu. Les officiers de tir ou les officiers de compagnie doivent donc déterminer avant chaque tir d'instruction quelle est la hausse à employer pour le tir de la journée. Ce règlement se fera par quelques coups d'essai en suivant la méthode qui vient d'être expliquée. Pour faciliter cette opération, on a placé sur le côté droit de la planche une graduation en millimètres.

Zones dangereuses. — Le tir exigeant l'emploi d'une hausse différente à chaque distance, il est indispensable de connaître la distance à laquelle se trouve l'ennemi. Il faut donc que la troupe et surtout les officiers qui sont appelés à diriger le tir sur le champ de bataille, soient exercés avec le plus grand soin à l'appréciation des distances comprises dans les limites de la portée de l'arme.

Il n'est pas indispensable que cette appréciation soit rigoureusement exacte pour que l'ennemi soit frappé; il suffit qu'il soit placé dans la *zone dangereuse* correspondant à la ligne de mire employée.

Supposons, pour fixer les idées, que l'homme à atteindre soit à 600 mètres et que la distance ait été bien appréciée. En dirigeant la ligne de mire vers la ceinture, l'homme sera touché au milieu du corps. Mais on voit facilement qu'il n'est pas indispensable que cet homme soit placé exactement à 600 mètres pour que la trajectoire le rencontre; il peut avancer jusqu'en A ou reculer jusqu'en B sans cesser d'être en danger; seulement en A il sera frappé à la tête, et aux pieds en B (*fig.* 21). Pour qu'un homme visé à la ceinture soit atteint, il suffit donc qu'il se trouve dans la zone A B que l'on nomme *la zone dangereuse* de 600 mètres.

Le tableau suivant donne l'étendue des zones dangereuses correspondant aux diverses lignes de mire du fusil modèle 1866, et de la carabine modèle 1857 transformée.

DISTANCES.	CARABINE TRANSFORMÉE.						FUSIL MODÈLE 1866.					
	FANTASSIN 1ᵐ,60			CAVALIER 2ᵐ,50			FANTASSIN 1ᵐ,60			CAVALIER 2ᵐ,50		
	En avant.	En arrière.	Totales.	En avant.	En arrière.	Totales.	En avant.	En arrière.	Totales.	En avant.	En arrière.	Totales.
200m	200	48	248	200	62	262	200	65	265	200	88	288
300	34	26	60	58	40	98	68	43	111	300	63	363
400	24	18	42	35	25	60	43	31	74	72	45	117
500	16	14	30	22	17	39	28	23	51	44	36	80
600	11	10	21	16	13	29	19	17	36	31	28	59
700	»	»	»	»	»	»	15	14	29	24	22	46
800	»	»	»	»	»	»	13	11	24	19	18	37
900	»	»	»	»	»	»	10	9	19	16	15	31
1000	»	»	»	»	»	»	8	8	16	13	13	26

Les nombres précédents ne s'appliquent qu'à une trajectoire isolée et ne tiennent compte que du tir de plein fouet. Le fusil modèle 1866 donne des *ricochets tendus* qui augmentent considérablement les zones dangereuses. Dans la pratique du tir de guerre, ces zones s'accroissent encore par les erreurs de pointage; les balles ne tombent pas toutes à la même distance; les points de chute sont échelonnés sur une étendue de terrain 5 ou 6 fois plus grande que celle qui est indiquée pour la zone dangereuse d'un coup considéré

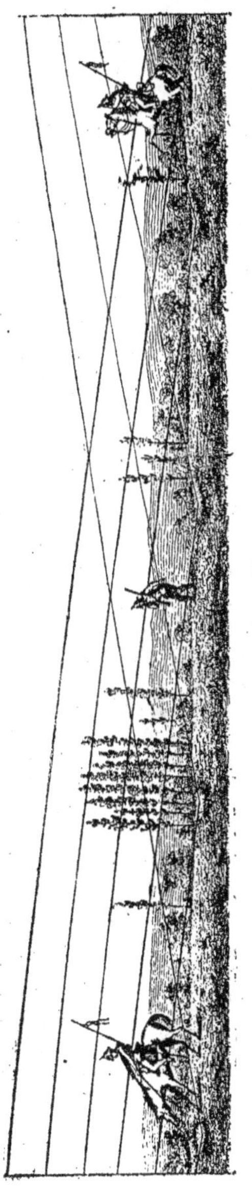

Figure 22.

isolément. Si chaque point de chute devient, en outre, le point de départ d'un ricochet prolongeant la trajectoire, on voit qu'il existe en avant et en arrière de la ligne de chute moyenne ou théorique, un enchevêtrement de trajectoires et de ricochets qui couvrent une surface très-considérable. Il n'est donc pas indispensable, pour obtenir des résultats à la guerre, d'apprécier les distances avec une grande approximation (*fig.* 22).

Lignes de mire fixes. — Il est généralement admis que le soldat n'a le sang-froid nécessaire pour lire les graduations d'une hausse que lorsqu'il est à plus de 400 mètres de l'ennemi. Les hausses des armes de guerre sont généralement construites d'après ce principe. En deçà de 500 mètres, le tir du fusil modèle 1866 est réglé au moyen de lignes de mire fixes faciles à trouver sans regarder la graduation.

L'espace de 500 mètres en avant du tireur est ainsi partagé en 4 zones dangereuses correspondant chacune à une ligne de mire. Le soldat doit se borner à apprécier si l'ennemi est dans la 1re, la 2e, la 3e ou la 4e zone et tirer avec la ligne de mire correspondante. Les abaissements et les élévations de la trajectoire, au-dessous et au-dessus de la ligne de mire choisie, étant négligeables dans l'étendue de la zone dangereuse correspondante (s'il s'agit de toucher un homme debout), on prescrit au soldat de viser toujours à hauteur de ceinture. Les limites d'emploi de chaque ligne de mire sont alors les

seules quantités que le soldat ait à retenir et les seules distances
qu'il ait à apprécier.

Règles de tir du fusil modèle 1866.

Jusqu'à 250 *mètres* (1ʳᵉ *zone*), *viser la ceinture avec la ligne de mire
de* 200 *mètres.*

De 250 *mètres à* 350 *mètres* (2ᵉ *zone*), *viser la ceinture avec la ligne
de mire de* 300 *mètres.*

De 350 *mètres à* 450 *mètres* (3ᵉ *zone*), *viser la ceinture avec la ligne
de mire de* 400 *mètres.*

De 450 *mètres à* 525 *mètres* (4ᵉ *zone*), *viser la ceinture avec la ligne
de mire de* 500 *mètres.*

Nota. — Il est bon de ménager un cran de mire éventuel donnant
autant que possible un but en blanc de 100 mètres. Ce cran peut
être utilisé dans certaines circonstances spéciales, où il faut obtenir
à courte portée une très-grande précision.

Tir plongeant. — La courbure de la trajectoire permet quelquefois d'atteindre l'ennemi placé derrière un abri. Il faut pour cela se
placer à une distance telle, que la balle s'élève dans son trajet à une
hauteur assez grande pour retomber sous une forte inclinaison, en
plongeant pour ainsi dire derrière l'obstacle (*fig.* 23).

Ce genre de tir, qu'on nomme *tir plongeant*, est très-usité dans les
siéges, il ne peut s'effectuer avec efficacité qu'en se plaçant au moins à
800 mètres de l'obstacle. Il faut, de plus, prendre une hausse assez
forte pour que la moyenne des balles passe à un mètre au-dessus
de la crête du parapet. Il suffit pour cela d'augmenter d'un demi-
millimètre la hausse qui conviendrait à la distance du parapet, et
de viser la crête de l'obstacle avec le cran de mire ainsi placé.

Tir sur un but mobile. — On peut avoir à tirer sur un but mobile;
on doit, dans ce cas, tenir compte du mouvement et diriger la ligne
de mire sur le point où l'on juge que le but sera arrivé, lorsque la
balle aura franchi la distance. Il faut donc viser en avant et d'autant
plus que le mouvement est plus rapide et le but plus éloigné.

Il est difficile de donner des règles précises pour toutes les circonstances d'un tir de ce genre; nous dirons seulement que pour atteindre un cavalier traversant le plan de tir à 600 mètres, il suffit
de viser 1, 3 ou 6 mètres en avant du cheval, suivant qu'il marche
au pas, au trot ou au galop.

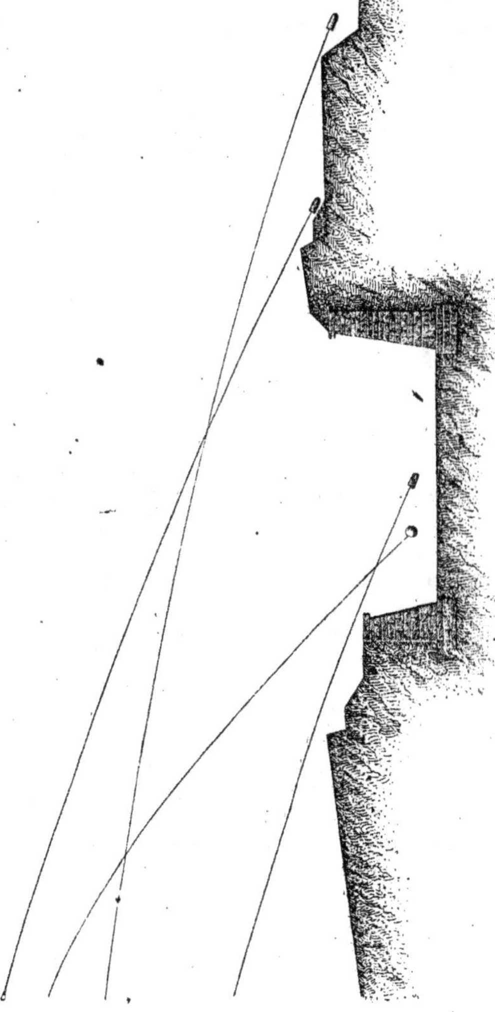

Figure 23.

DEUXIÈME PARTIE

ARMEMENT DE L'INFANTERIE

CHAPITRE Ier.

CARACTÈRES GÉNÉRAUX DES ARMES MODERNES.

Les armes se chargeant par la culasse sont les plus anciennes des armes à feu. Le manque de solidité des mécanismes destinés à opérer la fermeture leur a fait préférer, jusqu'à ces dernières années, les armes se chargeant par la bouche, mais de tout temps on leur a reconnu des avantages tels, que leur étude a été reprise dès qu'un système nouveau paraissait donner l'espérance d'une solution acceptable.

De tout temps aussi, les armes se chargeant par l'arrière ont eu des détracteurs qui prétendaient que la vitesse de chargement créerait plus de dangers qu'elle ne procurerait de bénéfices; que les soldats brûleraient mal à propos leurs cartouches et se trouveraient hors d'état de répondre au feu de l'ennemi au moment le plus critique.

Contrairement à cette opinion, les partisans du chargement par l'arrière soutenaient qu'on pourrait, par l'instruction et la discipline, régler la consommation des munitions sur le champ de bataille et que, d'ailleurs, mieux valait accepter les inconvénients signalés que de renoncer aux effets irrésistibles qu'on pouvait obtenir du tir rapide en l'employant à propos.

Du reste, ces discussions ne pouvaient aboutir, car les plus chauds partisans des armes se chargeant par l'arrière en rendaient euxmêmes l'adoption impossible par les conditions qu'ils mettaient à l'acceptation d'un modèle.

Ils voulaient une cartouche aussi simple, aussi facile à fabriquer que les cartouches pour les armes se chargeant par la bouche; les seuls éléments admis étaient : le papier, la poudre, le plomb et une capsule séparée.

Cependant *la cartouche amorcée* faisait son apparition sur les champs de bataille. Aux Etats-Unis, c'était une cartouche à étui métallique; en Europe, c'était une cartouche combustible adoptée par les Prussiens pour le fusil à aiguille.

Le rôle capital joué par les armes à chargement rapide pendant la campagne de 1866 convertit ceux que les raisonnements n'avaient pu convaincre, et la cartouche amorcée fut adoptée en principe par toute l'Europe. Les décisions à cet égard furent prises partout avec une telle précipitation, que chacun adopta pour ainsi dire le modèle qu'il avait sous la main. De là, une grande variété de types et de grandes différences dans la valeur des armes actuellement en service.

Cette valeur dépend des conditions dans lesquelles on a su concilier les qualités suivantes :

1º Vitesse de chargement ;
2º Certitude que le coup partira à la volonté du tireur ;
3º Tension de la trajectoire ;
4º Justesse du tir;
5º Portée ;
6º Pénétration ;
7º Sécurité pour le tireur et pour ses voisins ;
8º Simplicité de l'arme et facilité de maniement ;
9º Légèreté de l'arme et des munitions ;
10º Facilité d'approvisionnement.

Ces qualités sont toutes relatives au fusil considéré comme arme de jet. Il doit, en outre, être muni d'une baïonnette qui permette de le transformer en arme de main.

L'examen critique d'une arme doit toujours porter séparément sur les trois éléments suivants :

Les cartouches ;
Le mécanisme ;
Les conditions du tir.

1º CARTOUCHES.

Dans une arme se chargeant par l'arrière, la cartouche n'est pas seulement une partie constitutive du système, elle en est la partie la plus importante.

Les avis se sont partagés entre deux solutions différentes : la *cartouche combustible* disparaissant par le tir, et la *cartouche à étui rigide* retirée de la chambre au moyen d'un extracteur ou tire-cartouche.

En France, on a adopté la cartouche combustible et un obturateur tenant à l'arme.

Contrairement aux idées reçues en France, les Américains ont choisi une cartouche métallique produisant elle-même l'obturation.

La cartouche à percussion périphérique, d'abord acceptée aux Etats-Unis, est très-simple à ne considérer que le résultat du travail; elle se compose de trois éléments (*fig.* 24) :

Un étui métallique d'une seule pièce, amorcé;

De la poudre;

Une balle.

L'inflammation est produite par un percuteur qui frappe la cartouche sur le bourrelet. Pour assurer l'explosion, la poudre fulminante est mélangée avec du verre pilé.

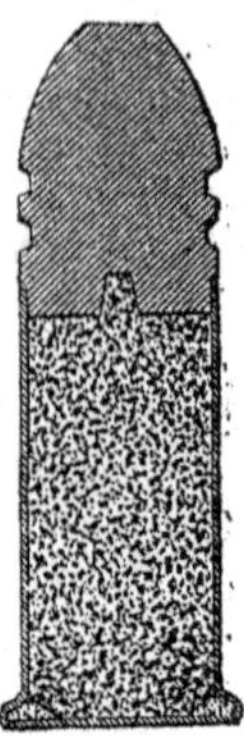

Figure 24.

Un raté n'entraîne pas la perte d'une cartouche; il suffit de faire tourner l'étui de manière à amener un nouveau point du bourrelet amorcé en face du percuteur.

Pour que le choc du percuteur produise sûrement son effet, le bourrelet doit être mince; il est alors peu solide; il en résulte qu'une forte charge déchire le bourrelet et qu'il se produit des crachements toujours gênants, quelquefois dangereux. L'Autriche, le Danemark, la Suède et la Suisse, qui ont pris une détermination peu après Sadowa, ont adopté l'étui de cuivre à percussion pé

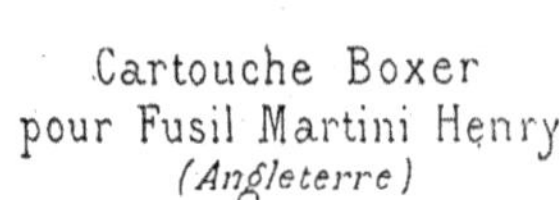

Cartouche Boxer
pour Fusil Martini Henry
(Angleterre)

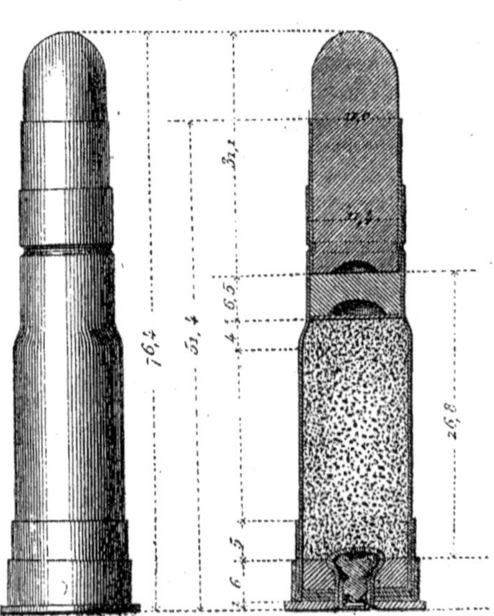

Figure 25.

riphérique qui avait été employé dans la guerre de la Sécession.

Depuis cette époque, on a fait de grands progrès dans la fabrication des cartouches à étui rigide. On a d'abord reporté l'amorce au milieu du culot ; de là, les cartouches dites *à percussion centrale*. Il restait à chercher la matière et à régler la solidité de l'étui, de façon à obtenir une résistance suffisante, sous un minimum de poids.

On n'a pas réussi tout d'abord à fabriquer avec les cuivres d'Europe des étuis d'une seule pièce semblables à ceux qu'employaient les Américains ; on a cherché un autre mode de confection.

Il ne fallait pas songer à employer le carton ; c'est une matière trop hygrométrique. Le carton se gonfle par les temps humides et se resserre par les temps secs. Il est fort difficile d'obtenir avec du carton l'identité de dimensions indispensable au fonctionnement de l'arme. On a été conduit à essayer des étuis de clinquant, fortement rattachés à un culot de laiton. L'étui se compose de plusieurs révolutions de clinquant recouvertes parfois d'une enveloppe de papier qui maintient l'enroulement.

La cartouche Boxer employée en Angleterre est le type de cette série de recherches (*fig.* 25).

La France et la Belgique ont adopté successivement cette solution pour leurs armes transformées.

La Hollande a préféré des étuis entièrement métalliques, composés de plusieurs pièces.

Enfin la Russie, l'Espagne, l'Italie et la Bavière ont adopté la cartouche Berdan (*fig.* 26). L'étui est d'une seule pièce ; le culot est renforcé par une doublure métallique ; l'amorce placée extérieurement peut être enlevée et replacée facilement ; on peut faire servir plusieurs fois le même étui, ce qui réduit notablement les frais annuels d'instruction.

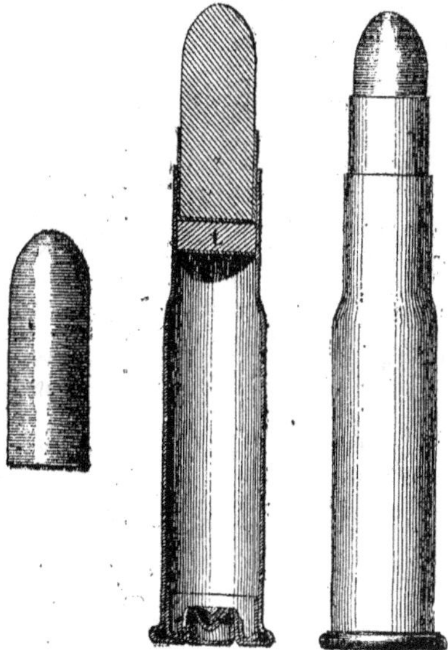

Figure 26.

Il existe donc en Europe deux sortes de cartouches :

Les cartouches combustibles;
Les cartonches à étui rigide.

On a résumé dans le tableau suivant les avantages et les inconvénients propres à chacune de ces cartouches.

Avantages.

CARTOUCHES COMBUSTIBLES.

L'étui n'a qu'un poids relativement minime; la cartouche modèle 1866 est la plus légère des cartouches actuellement en service dans les armées européennes; cependant, elle fournit la plus grande tension de trajectoire et la plus grande portée, la cartouche Henry-Boxer exceptée.

La fabrication est possible dans tous les pays où l'on trouve du papier, du plomb, de la poudre et des amorces.

CARTOUCHES A ÉTUI MÉTALLIQUE.

La cartouche métallique est de fabrication facile et rapide avec des machines-outils.

Les frais annuels d'instruction sont diminués.

La conservation de la cartouche est mieux assurée. Les ratés disparaissent presque entièrement.

Le graissage des cartouches, indispensable à la régularité du tir, se maintient mieux.

Inconvénients.

CARTOUCHES COMBUSTIBLES.

La fabrication est lente et coûteuse; elle exige une surveillance incessante comme toutes les productions de mains d'homme quand elles doivent avoir une certaine précision de dimensions.

Le graissage extérieur peut s'altérer et même disparaître, surtout par les temps chauds.

L'arrêt de la cartouche n'est pas assez bien assuré, et lorsque l'arme est propre il y a des ratés de premier coup.

La cartouche se détériore soit par l'humidité soit par le transport dans les gibernes.

CARTOUCHES A ÉTUI MÉTALLIQUE.

La fabrication exige des machines-outils et, par suite, la création d'une usine spéciale; il en résulte qu'un corps ayant ses communications coupées ne peut renouveler ses munitions.

La cartouche a un *poids mort* relativement considérable : environ 1 fois 1/2 la charge de poudre.

2° MÉCANISMES.

Quelque dissemblables que soient les mécanismes adoptés, il est possible de les ramener tous à quelques types que nous examinerons sommairement.

Il est admis que les armes à canon mobile, telles que le fusil *Lefaucheux*, sont impropres au service de guerre; il faut que le canon soit à demeure sur le bois. Il n'y a donc à examiner que les systèmes à canon fixe et à culasse mobile. Dans tous, le chargement s'opère moyennant le déplacement d'une pièce qui ferme l'entrée de la chambre. Chaque type est caractérisé par le mode de déplacement de la culasse; ce déplacement peut s'opérer par glissement ou par rotation autour d'une charnière. De là, *les armes à culasse glissante* et *les armes à culasse tournante*.

La 1re série (à culasse glissante) forme deux groupes:

Le 1er comprend les *armes à verrou* dans lesquelles la culasse se déplace dans le sens de l'axe, tel est le fusil modèle 1866. Il présente deux variétés: les *armes à aiguille*, tirant des cartouches combustibles, et *les armes à broche*, tirant des cartouches à étui rigide.

Le 2e comprend les *armes à tiroir* dans lesquelles la culasse joue perpendiculairement à l'axe du canon, comme dans le mousqueton *Treuille de Beaulieu*.

La 2e série (à culasse tournante) comprend plus de combinaisons; elle compte 5 groupes; dans les deux premiers la charnière est longitudinale; elle est transversale dans les trois derniers.

Les systèmes à charnière longitudinale sont:

1° *Les armes à tabatière*, dans lesquelles la charnière est placée sur le côté droit de la boîte de culasse; tel est le fusil transformé modèle 1867;

2° *Les armes à barillet.*—L'axe de rotation est placé au-dessous du canon; tels sont les pistolets-revolvers.

Les trois systèmes à charnière transversale sont:

1° *Les armes à pène.* — L'axe de rotation est placé au-dessus de l'entrée de la chambre; cette pièce se rabat d'arrière en avant pour se renverser sur le canon; elle est maintenue au moment du tir par un pène ou loquet (fusil Albini);

2° *Les armes à culasse tombante.*—L'axe est placé en arrière et au-dessus de la culasse mobile. Cette pièce, maintenue contre la tranche du tonnerre par un appui inférieur, tombe dans la boîte de culasse pour découvrir l'ouverture de la chambre (système Peabody);

3° *Les armes à rotation rétrograde.* — La culasse est ramenée en arrière pour le chargement (système Remington).

Le tableau suivant indique à quel groupe de classification appartiennent les armes en usage dans les armées françaises et étrangères.

NOMS DES SYSTÈMES ET DES MODÈLES.

I. ARMES A CULASSE GLISSANTE.	Armes à verrou.	Systèmes à aiguille.	Fusil Dreysse.
			Fusil modèle 1866.
			Fusil Karl.
			Fusil Carcano.
		Systèmes à broche.	Fusil Berdan.
			Fusil de Beaumont.
			Fusil Wetterlin.
	Systèmes à tiroir.		Mousqueton Treuille.
			Mousqueton Scharps.
II. ARMES A CULASSE TOURNANTE.	autour d'un axe longitudinal.	Systèmes à tabatière.	Fusil Enfield Snider.
			Carabine transformée.
			Fusil modèle 1857 transformé.
			Carabine modèle 1857 transformée.
			Fusil transformé.
		Système à barillet.	Fusil Werndt.
	autour d'un axe transversal.	Systèmes à pène.	Fusil Westley Richards.
			Fusil Waentzel.
			Fusil Albini.
			Carabine Tersen.
			Fusil Springfield.
			Fusil Amsler Milbank.
			Fusil Berdan transformé.
		Systèmes à culasse tombante.	Fusil Peabody.
			Fusil Henry-Martini.
			Fusil Werder.
		Systèmes à rotation rétrograde.	Fusil Remington.

(1) On ne comprend pas dans les temps de la charge le mouvement qui a pour objet

NATIONALITÉS.	NOMBRE DE TEMPS de la charge. (1)	NOMBRE DE COUPS qu'un tireur ordinaire peut tirer dans une minute.	POIDS DE L'ARME sans baïonnette.	OBSERVATIONS.
			KIL. GR.	
Prusse	5	5	5,020	Arme neuve.
France	4	10	4,034	Id.
Russie	5	7	4,777	Transformation.
Italie	4	8	4,628	Id.
Russie	3	12	4,255	Arme neuve
Hollande	3	12	4,350	Id.
Italie	3	12	4,200	Id
France	3	9	» »	Id.
États-Unis	4	10	» »	Transformation.
Angleterre	5	7	» »	Id.
Danemark	5	7	4,404	Id.
France	5	7	4,560	Id.
France	5	7	4,770	Id.
Hollande	5	7	4,570	Id.
Autriche	4	9	4,480	Arme neuve.
Portugal	5	4	4,224	Id.
Autriche	5	7	4,373	Transformation.
Belgique	5	7	4,703	Id.
Belgique	5	7	» »	Id.
États-Unis	4	10	4,352	Id.
Suisse	4	9	4,815	Id.
Espagne	4	9	» »	Id.
Roumanie	4	9	» »	Arme neuve.
Angleterre	3	12	4,225	Id.
Bavière	3	12	4,100	Id.
Danemark	5	8	4,038	Id.
Suède	5	8	4,263	Id.
Norwége	5	8	4,345	Id.
Égypte	5	8	4,200	Id.

de prendre la position dans laquelle on doit charger.

Armes à verrou.

La fermeture est produite par un cylindre ou verrou qui peut se déplacer dans le sens de l'axe, en arrière du canon.

Le recul est supporté : par un renfort prenant appui sur un rempart (fusil modèle 1866), par des tenons logés dans les rainures (fusil Karl), ou par des filets de vis interrompus engagés dans des portions d'écrou (fusil Burton). En tournant le cylindre de 1/4 ou de 1/6 de tour, on le dégage de ses appuis et on peut le ramener en arrière. Le mouvement de retraite est limité au moment où l'introduction de la cartouche devient facile.

Le mécanisme qui doit produire le feu est contenu dans le cylindre. Il se compose essentiellement d'un ressort qui prend appui sur une pièce immobilisée, pour pousser en avant un certain nombre de pièces invariablement reliées entre elles. En avant de ces pièces, se trouve une aiguille ou une broche percutante, suivant qu'on emploie des cartouches combustibles ou des cartouches à étui rigide.

L'ensemble des pièces est arrêté dans une position déterminée (l'armé), par une tête de gâchette faisant saillie sur le fond de la boîte de culasse. Cette saillie est maintenue par l'effet d'un ressort. On fait rentrer la gâchette en pressant sur la détente. L'ensemble des pièces mobiles peut alors obéir à l'action du ressort pour produire la percussion sur l'amorce.

La cartouche est poussée dans la chambre par la culasse mobile. Pendant ce mouvement, le percuteur ou l'aiguille se trouve en face de l'amorce ; il est donc de première nécessité :

1° De mettre l'amorce en retrait sur le fond de la cartouche pour préserver la poudre fulminante de tout choc accidentel ;

2° De faire rentrer l'aiguille ou le percuteur avant d'ouvrir l'arme.

Tous les systèmes sont établis de manière à satisfaire à cette double condition ; il peut cependant arriver (dans des cas extrêmement rares) que le percuteur reste en saillie par suite de la rupture d'une pièce du mécanisme ; si le tireur ne s'aperçoit pas de l'accident, il peut déterminer, en chargeant, le départ prématuré de la cartouche. — C'est un défaut commun à toutes les armes à verrou.

La charge se fait en 5, 4 ou 3 temps, suivant l'agencement plus ou moins ingénieux des pièces ; il y a en effet cinq opérations à faire :

1° Faire rentrer l'aiguille ou le percuteur ;

2° Ouvrir le tonnerre ;

3° Mettre la cartouche ;

4° Fermer le tonnerre ;

5° Armer.

Dans le fusil prussien, les cinq opérations sont distinctes.

En réunissant 2 ou 3 opérations en un seul mouvement, les temps de la charge peuvent être réduits à 4 ou à 3. Ainsi, dans le fusil français, la 1re et la 5e opération sont réunies; la charge est donc réduite à 4 temps. Dans le fusil de Beaumont, la 1re et la 2e opération sont réunies ainsi que la 4e et la 5e; la charge s'opère en 3 temps. Il serait facile de modifier le fusil français de manière à réunir en un seul le 1er, le 2e et le 5e temps.

Systèmes à aiguille.—Les armes à aiguille brûlent généralement des cartouches combustibles.

Le fusil modèle 1866 et le fusil Karl adopté en Russie, ont un obturateur tenant à l'arme.

Dans le système Carcano (Italie), la cartouche porte l'obturateur; il consiste en un culot de drap ou de caoutchouc formant le fond de la cartouche. Ce culot reste dans la chambre. Il peut être quelquefois retiré à la main, lorsqu'on ne s'attache pas à tirer rapidement. Dans tous les cas, on peut s'en débarrasser en le poussant en avant; il est alors expulsé par la balle suivante.

Le fusil à aiguille prussien est complétement dépourvu d'obturateur; les crachements sont considérables mais moins gênants qu'on serait tenté de le croire, parce qu'on a eu la précaution de les diriger du côté de l'avant.

La disposition qui assure cet avantage est d'ailleurs très-défectueuse au point de vue de la

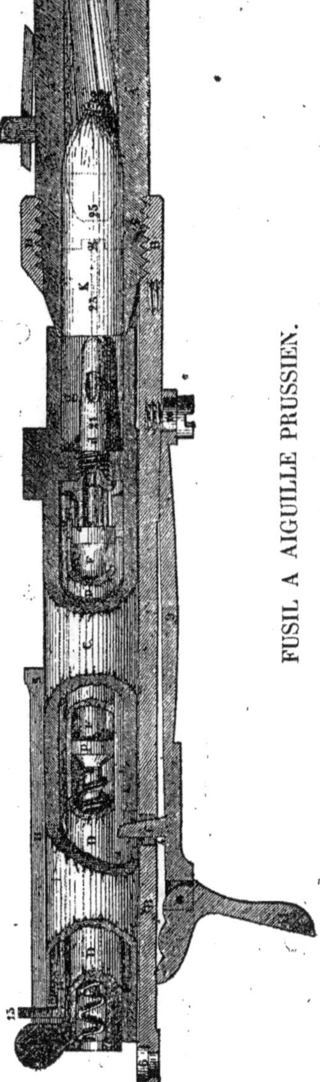

Figure 27.

4

vitesse du tir : le canon taillé coniquement pénètre dans le tonnerre mobile (*fig.* 27). La chambre n'est donc pas raccordée avec le fond de la boîte de culasse ; l'introduction de la cartouche dans la chambre demande de l'adresse, de la précaution et du temps. C'est ce qui explique pourquoi le fusil prussien est bien inférieur à tous les autres fusils à aiguille au point de vue de la vitesse du tir.

Systèmes à broche. — L'obturation s'opérant par l'étui solide de la cartouche, l'obturateur tenant à l'arme devient inutile ; mais, en revanche, la culasse mobile doit être munie d'un extracteur ou tire-cartouche. C'est un crochet engagé en avant du bourrelet (*fig.* 28).

Le système à verrou se prête mieux que tout autre au fonctionnement d'un extracteur ; on peut donner à cet organe une grande puissance.

FUSIL BURTON.

Coupe du Mécanisme, la culasse ouverte.

Figure 28.

L'extracteur ramène l'étui dans la chambre avec une vitesse que
le tireur peut régler à volonté, soit pour ramener l'étui vide ou la
cartouche non tirée dans la boîte ; soit pour rejeter l'étui vide sans

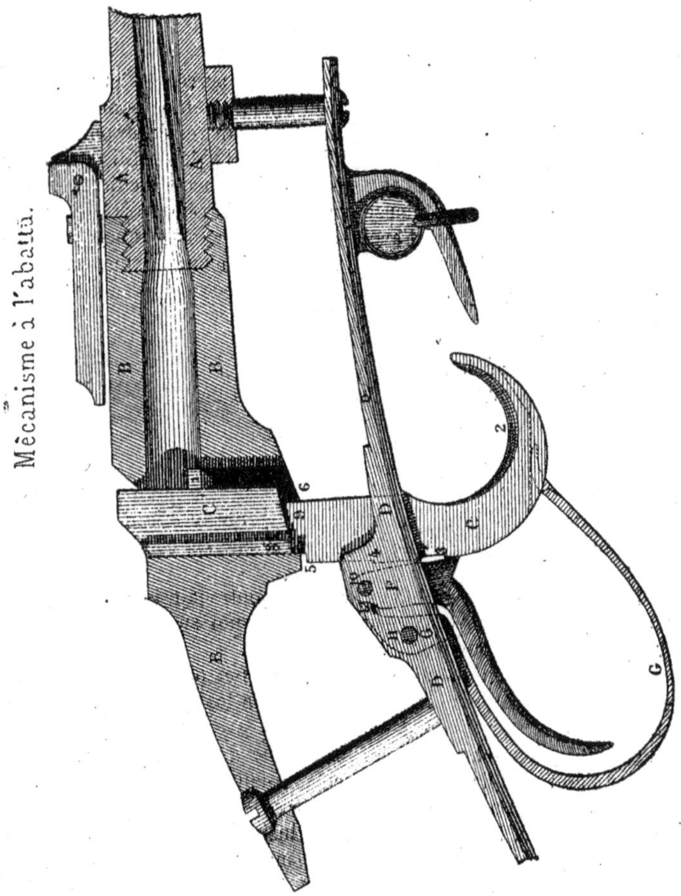

Figure 29.

MOUSQUETON. (Treuille de Beaulieu.)

le secours de la main. Il suffit, pour cela, de placer au fond de la
boîte, un heurtoir qui arrête le bas du bourrelet alors que le haut

est entraîné par le crochet de l'extracteur; l'étui bascule et il est rejeté automatiquement hors de la boîte de culasse.

Systèmes à tiroir.

La culasse mobile joue dans une coulisse percée de bas en haut dans la boîte de culasse (*fig.* 29). On abaisse le bloc pour découvrir le tonnerre et y mettre la cartouche, on le fait remonter pour fermer le tonnerre. M. Treuille de Beaulieu a eu l'idée d'utiliser le mouvement de remonte de la culasse pour remplacer le chien.

Cette disposition ingénieuse permettrait de réduire à 2 les temps de la charge; il suffirait d'avoir un extracteur fonctionnant automatiquement pour expulser l'étui vide au moment où l'on ouvre le tonnerre. La charge ne comporterait alors que les deux temps suivants :

Ouvrir le tonnerre ;

Mettre la cartouche.

L'arme reste ouverte jusqu'au moment du tir.

Systèmes à tabatière.

Le tonnerre est fermé par un bloc mobile autour d'une broche parallèle à l'axe du canon; on ouvre la culasse comme une tabatière.

La face antérieure du bloc s'applique contre la tranche du canon, tandis que la face postérieure prend appui sur l'arrière de la boîte de culasse pour résister au recul.

La fermeture est maintenue par un bouton ou une barrette qui, sous l'action d'un ressort, pénètre dans un logement disposé à cet effet.

Un tire-cartouche enfilé sur la broche de charnière sert à ramener l'étui dans la boîte. Pour cela, il faut tirer la culasse mobile en arrière après avoir ouvert le tonnerre.

Le système à tabatière, adopté exclusivement pour des transformations, a été appliqué à des armes munies de platines à percussion. Le choc du chien est transmis à l'amorce par un percuteur logé obliquement dans le bloc de culasse. Ce percuteur rentre lorsqu'on ouvre le tonnerre, soit par la pression d'un ressort à boudin, soit, mieux encore, par une disposition particulière des pièces du mécanisme (Carabine danoise).

Le groupe des armes à tabatière est celui qui présente le moins d'intérêt : le tire-cartouche fonctionne médiocrement; lorsqu'il a lâché prise en franchissant le bourrelet, il est très-difficile d'extraire

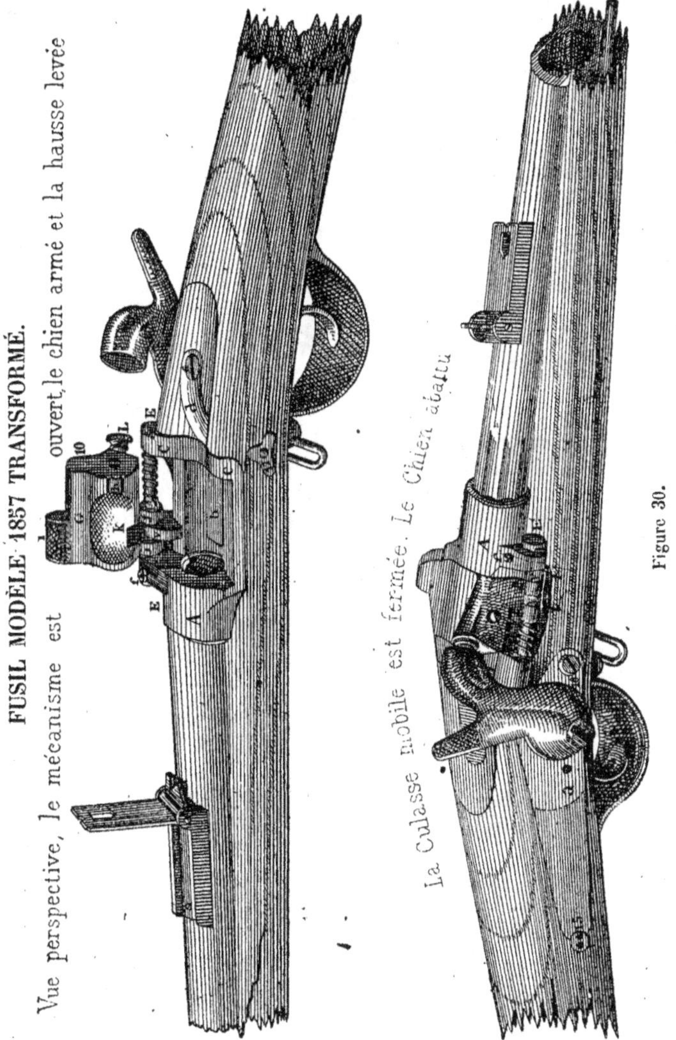

l'étui vide avec la baguette. De plus, le tire-cartouche ne fait que ramener la douille dans la boîte de culasse; il faut un mouvement particulier pour se débarrasser de l'étui.

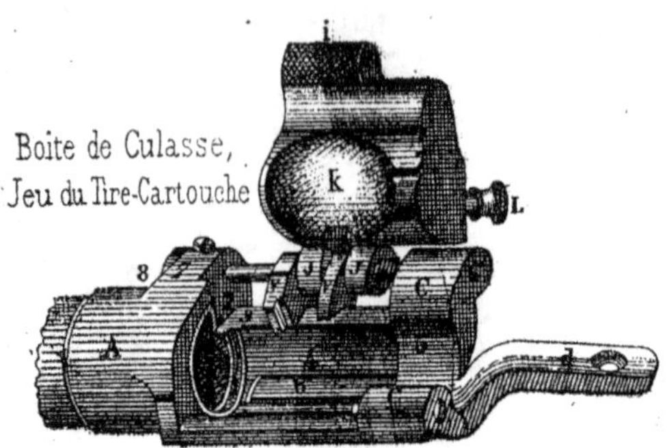

Figure 30 *bis.*

La transformation française (*fig.* 30 et 30 *bis*) est plus avantageuse que les autres à ce point de vue. La chambre est raccordée avec la poignée par un guide-cartouche et une courbure spéciale de la queue de culasse; l'étui vide vivement ramené peut être expulsé sans le secours de la main.

La charge se fait en 5 temps :

  1° Armer;
  2° Ouvrir le tonnerre;
  3° Enlever l'étui vide ;
  4° Mettre la cartouche ;
  5° Fermer le tonnerre.

Le 3° temps est fort long; il compte deux mouvements bien distincts :

  1° Ramener l'étui dans la boîte à l'aide du tire-cartouche;
  2° Expulser l'étui de la boîte.

Systèmes à barillet.

Le tonnerre est fermé ou formé par un barillet tournant autour d'une axe inférieur et parallèle à l'axe du canon.

Dans le premier cas, le barillet est plein et s'applique contre la tranche du tonnerre, comme dans le fusil Werndt adopté en Autriche.

Dans le second, il est percé de trous destinés à recevoir des cartouches.. Chaque trou vient, à son tour, se placer sur le prolongement du canon; et, alors, il forme le tonnerre de l'arme. Les armes de ce genre sont connues sous le nom de *révolvers*.

Systèmes à pène.

Les pièces caractéristiques du système à pène sont :

1º Un bloc qui se rabat d'arrière en avant autour d'une broche transversale, située généralement au-dessus de l'entrée de la chambre;

2º Un pène ou un loquet qui relie le bloc à l'arrière de la boîte pour empêcher le relèvement de la culasse mobile au moment du tir;

3º Un percuteur logé dans le bloc de culasse pour transmettre à l'amorce le choc du chien;

4º Un tire-cartouche destiné à extraire l'étui vide de la chambre; il est mis en mouvement par la culasse mobile lorsque l'ouverture de la chambre est suffisamment dégagée.

L'extracteur a pour effet de vaincre l'adhérence de l'étui et de ramener le culot dans la boîte de culasse. Dans les meilleurs modèles, cet extracteur est accompagné d'un res-

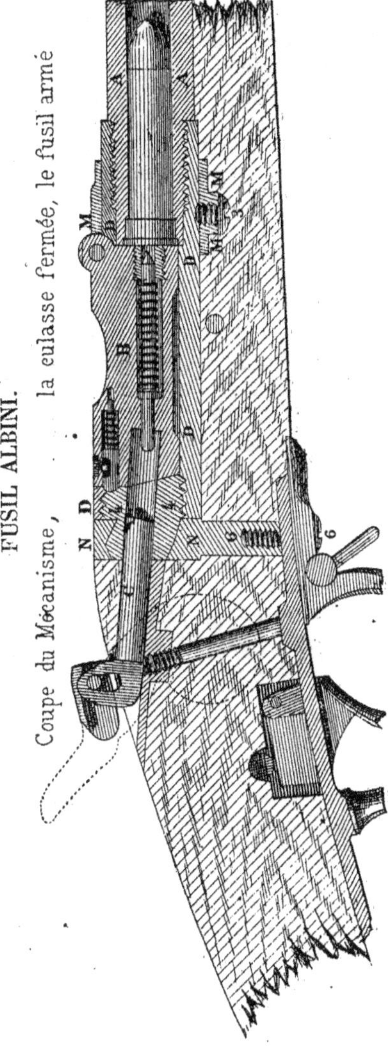

Figure 31.

sort de chasse, qui complète le jeu du tire-cartouche. Le ressort est trop faible pour vaincre l'adhérence, mais dès que cette résistance est détruite par l'extracteur, le ressort se détend pour chasser l'étui de la boîte de culasse sans le secours de la main. A cet effet, le fond de la boîte est taillé en rampe ascendante, ou bien on dispose vers l'arrière un heurtoir taillé de manière à diriger le culot au-dessus de la poignée de l'arme.

Le système à pène est bien supérieur au système à tabatière.

La charge compte 4 temps au minimum :

     1° Armer ;
     2° Ouvrir le tonnerre ;
     3° Mettre la cartouche ;
     4° Fermer le tonnerre.

On peut compter un 5ᵉ temps pour les armes non munies d'un ressort de chasse ; celui d'expulser l'étui vide de la cartouche.

Le fusil de chasseur suisse, le fusil Springfield (Etats-Unis) et la carabine transformée en Espagne d'après le système Berdan, sont munis d'un ressort de chasse ; le fusil Waëntzel (Autriche), le fusil Albini (Belgique) (*fig.* 31) et la carabine Tersen (Belgique), en sont dépourvus.

Armes à culasse tombante.

Le bloc de culasse, mobile autour d'un axe placé en arrière et vers le dessus de la pièce, peut descendre dans la boîte de culasse et être arrêté au moment où l'ouverture de la chambre est à découvert (*fig.* 32).

Une rigole à fond concave est creusée dans le dessus du bloc, pour donner passage et pour servir de guide à l'étui vide chassé par l'extracteur et à la cartouche que l'on veut introduire dans la chambre.

La cartouche placée, on fait remonter la culasse à l'aide d'un levier coudé dont la grande branche est rabattue sous la poignée lorsque l'arme est prête à faire feu, ou à l'aide d'une pièce latérale que l'on manœuvre comme le chien des anciennes armes à percussion (Werder).

L'extracteur est mobile autour d'une branche transversale placée au-dessous de l'entrée de la chambre ; la griffe est engagée en avant du bourrelet de la cartouche ; le pied reçoit le choc du bloc de culasse lorsqu'on ouvre le tonnerre ; ce choc détermine la rotation brusque de tout le système et, par suite, l'expulsion complète de l'étui vide.

L'arme peut être munie d'une platine ordinaire ; et, dans ce cas, le chien frappe sur un percuteur logé dans le bloc de culasse (Peabody).

La charge s'opère alors en 4 temps :
1º Armer ;
2º Ouvrir le tonnerre ;
3º Mettre la cartouche ;
4º Fermer le tonnerre.

FUSIL PEABODY.

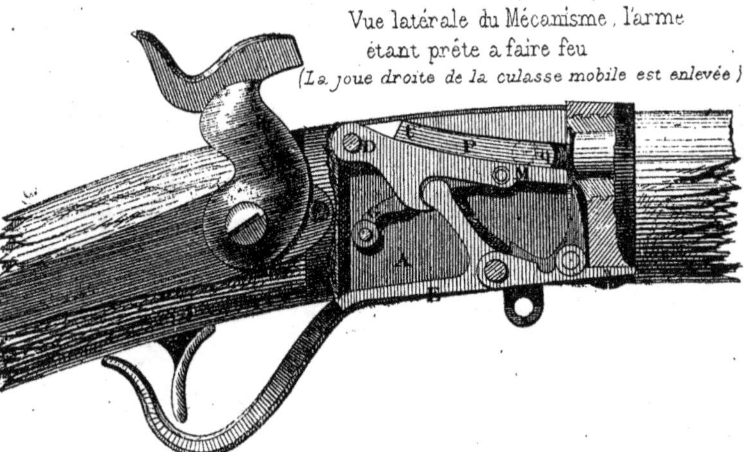

Vue latérale du Mécanisme, l'arme
étant prête a faire feu
(La joue droite de la culasse mobile est enlevée)

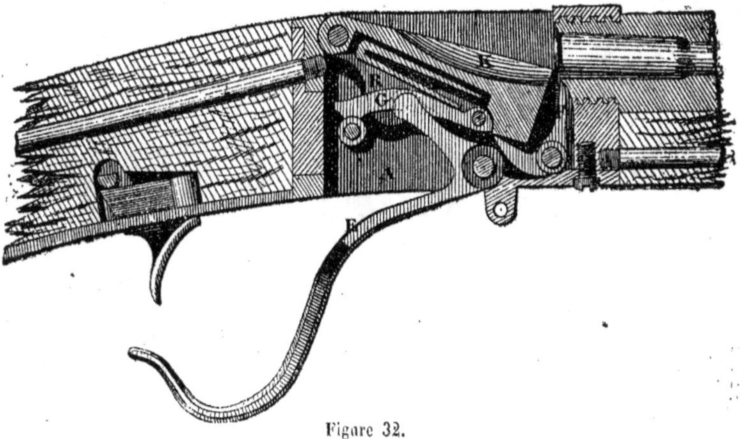

Coupe verticale du Mécanisme
La culasse mobile va tomber sur la petite branche de l'extracteur

Figure 32.

Figure 33.

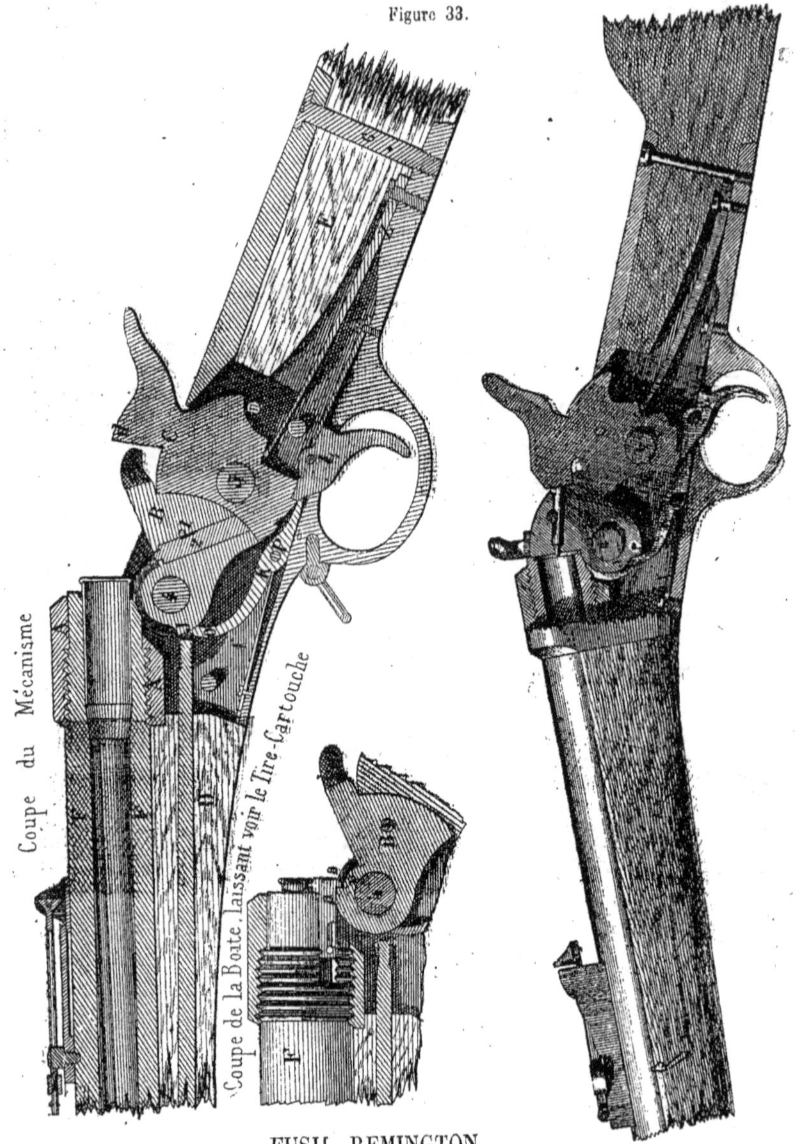

FUSIL REMINGTON.

Le mécanisme de platine peut être logé dans le bloc de culasse (Martini); dans ce cas, le mouvement d'armer peut être supprimé ce qui réduit la charge à 3 temps.

Le mécanisme peut encore être agencé extérieurement au bloc de culasse, de façon à réduire la charge à 3 temps, tel est le système Werder adopté par les Bavarois.

Systèmes à rotation rétrograde.

Les caractères généraux se réduisent au mode de déplacement de la culasse. On trouve dans ce groupe un type remarquable qui mérite une description sommaire.

Fusil Remington. — Le bloc de culasse (B), mobile autour d'une forte broche (4), s'applique contre la tranche du tonnerre et est maintenu dans cette position par l'arrêtoir K (*fig.* 33).

Le recul est supporté par la broche (5). Au moment où le percuteur est frappé par le chien, le corps de cette dernière pièce est engagé derrière le bloc de culasse qu'il empêche de tourner. L'effort du recul est donc reporté sur la broche par l'intermédiaire du chien.

Le jeu du percuteur est limité par une vis transversale, engagée dans une entaille de la broche.

Le mécanisme a pour moteur un ressort droit (Z) fixé sur l'écusson et appliqué sous le talon du chien.

Une gâchette faisant en même temps office de détente, fixe le chien à l'armé ou au cran de sûreté.

L'extracteur est logé dans une entaille entre le canon et la boîte de culasse; son parcours est limité par une vis transversale logée dans une encoche de la lame; il est mis en mouvement par la culasse mobile.

La charge s'exécute en 5 temps :

1° Armer le chien ;

2° Ouvrir le tonnerre en agissant sur la crête de la culasse mobile, — l'étui est ramené de quelques millimètres par l'extracteur ;

3° Rejeter l'étui vide ;

4° Mettre la cartouche ;

5° Fermer le tonnerre, en poussant la crête.

Le fusil Remington est remarquable par l'élégance du mécanisme ; mais le tire-cartouche n'a qu'un faible parcours ; de là, la nécessité d'augmenter la charge de 1 temps.

Armes à répétition.

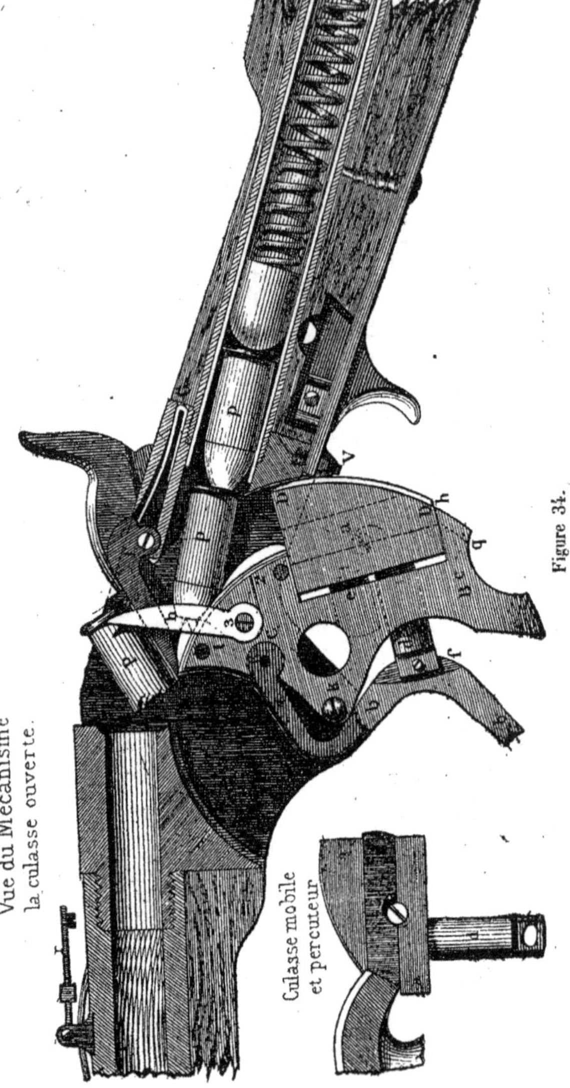

FUSIL SPENCER (*Suite*).

Vue du Mécanisme à l'armé

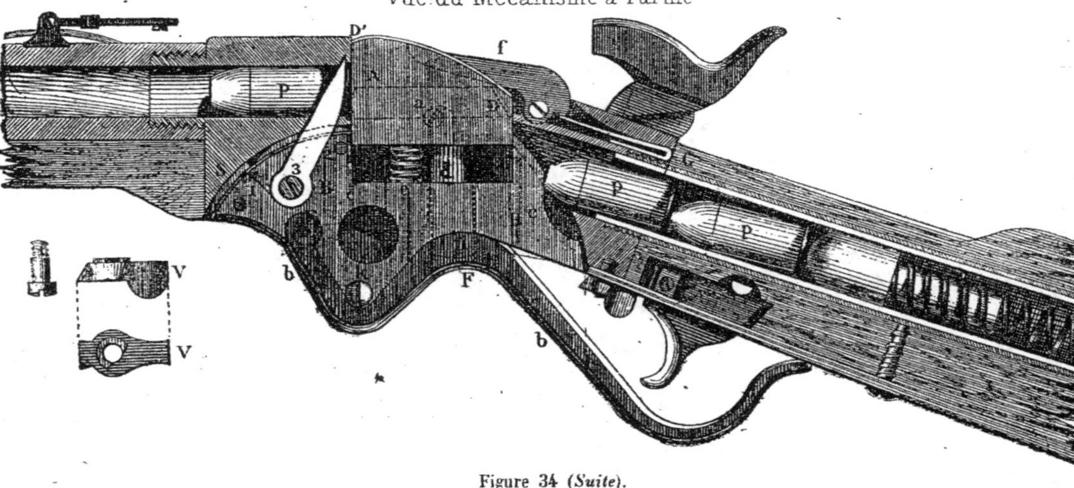

Figure 34 (*Suite*).

Armes à répétition.

On connaît trois types remarquables d'armes à répétition :

Le système Spencer ;

Le système Henry Winchester ;

Le système Wetterlin.

Fusil Spencer.— Le fusil Spencer (*fig.* 34) est une arme de cavalerie, il a la longueur d'un mousqueton.

Le tube magasin est logé dans la crosse ; il contient 7 cartouches qui sont poussées par un ressort à boudin vers la pièce de culasse.

Lorsqu'on abaisse le levier-pontet, on ouvre le magasin, et la première cartouche entre dans la boîte de culasse. En relevant le levier, le bloc de culasse referme l'entrée du magasin, entraîne la première cartouche et la fait pénétrer dans la chambre.

Un tire-cartouche (avec ressort de chasse), expulse l'étui sans le secours de la main, lorsqu'on ouvre le tonnerre.

L'arme est munie d'une platine ordinaire ; le choc du chien est transmis à la cartouche par un percuteur logé dans le bloc de culasse.

La charge s'exécute en 3 temps :

    1º Armer ;

    2º Ouvrir le tonnerre ;

    3º Fermer le tonnerre.

Que le magasin soit garni ou qu'il soit vide, on peut charger l'arme coup par coup comme un fusil ordinaire ; il suffit, pour cela, de déplacer un arrêtoir V qui limite la course de la culasse mobile de manière à découvrir le tonnerre sans ouvrir le magasin. La charge se fait alors en 4 temps.

Fusil Henry Winchester (fig. 35). — Le tube magasin est logé sous le canon ; il contient 14 cartouches.

On garnit le magasin en introduisant les cartouches, une à une, par une ouverture latérale pratiquée sur le côté droit de la boîte de culasse, et en poussant ces cartouches à l'aide du pouce pour refouler celles qui ont été déjà introduites.

Le pontet sert de levier de manœuvre comme dans le fusil Spencer.

Les cartouches passent du magasin dans le canon par le jeu d'un auget qui s'abaisse au niveau du tube inférieur au moment où l'on finit d'abaisser le pontet, et qui remonte à hauteur de la chambre lorsqu'on relève le levier de manœuvre. La broche de culasse pousse la cartouche de l'auget dans la chambre. Cette broche est munie d'un extracteur à griffe comme les armes à verrou. Le jeu de l'extracteur est complété par le mouvement de remonte de l'auget.

Le chien est conduit à l'armé, automatiquement, par la broche de culasse. La charge se réduit donc à 2 temps, lorsque le magasin est garni, savoir :

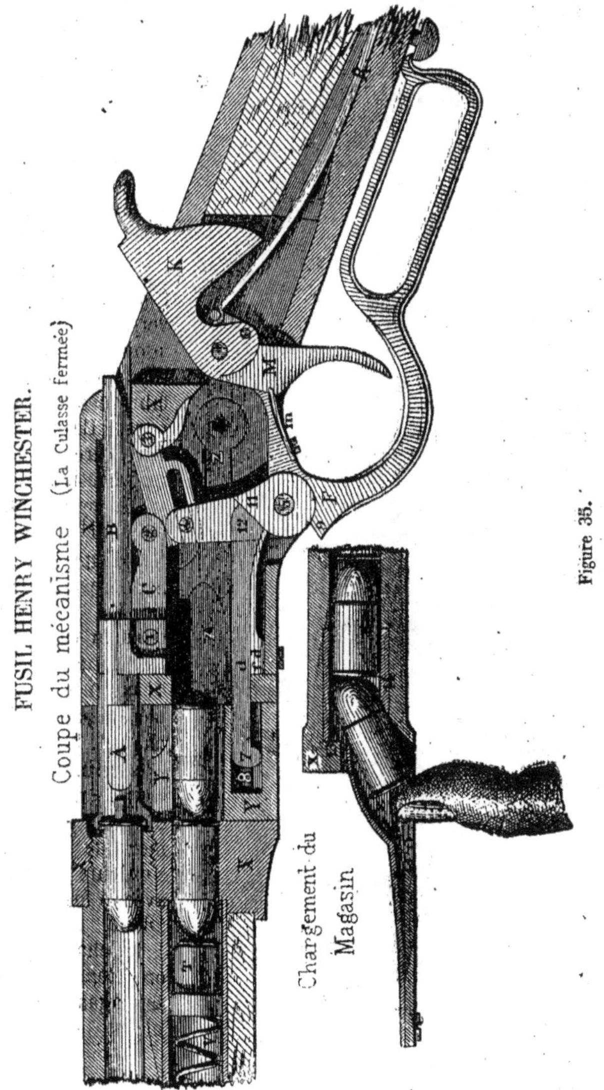

1° Ouvrir le tonnerre.
2° Fermer le tonnerre.

Lorsque le magasin est vide ou lorsqu'on ne veut pas le dégarnir, on charge coup par coup; la charge compte alors 3 temps :

1° Mettre la cartouche.
2° Ouvrir le tonnerre.
3° Fermer le tonnerre.

Fusil Wetterlin (*fig.* 36). — Le gouvernement suisse a adopté une arme à répétition créée et fabriquée dans le pays. Ce n'est, à vrai dire, qu'une modification du fusil Henry Winchester; car la disposition du magasin et la manière de faire passer les cartouches dans le canon sont identiques dans les deux modèles. Le mécanisme seul est changé. Le système Wetterlin est à verrou; le mouvement d'ouvrir et de fermer le tonnerre s'exécute comme avec le fusil modèle 1866.

La charge se fait en 2 temps lorsque le magasin est garni; et, en 3 temps

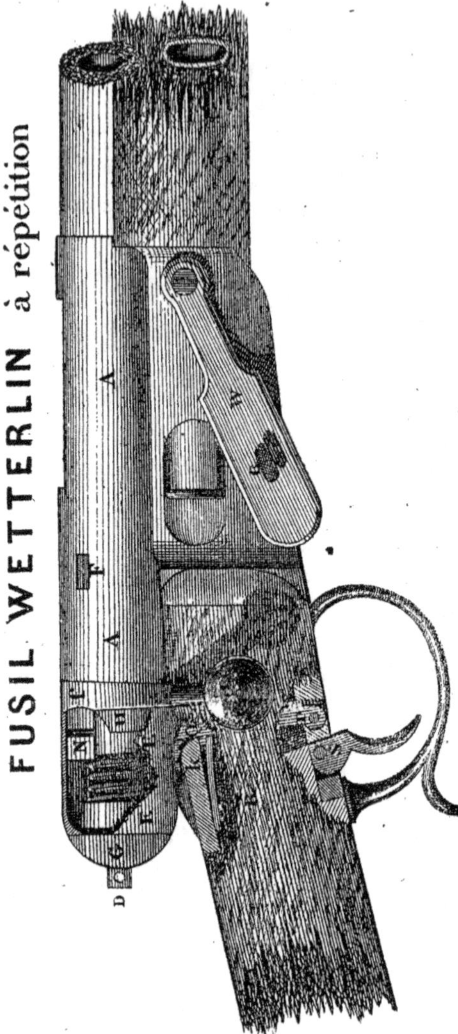

Figure 36.

lorsqu'il est vide.

Les armes à répétition sont remarquables par l'originalité et les dispositions ingénieuses du mécanisme; elles peuvent fournir, à un moment donné, un tir excessivement rapide; mais la durée de ce feu est limité aux ressources du magasin. Ces armes sont lourdes; le mécanisme est compliqué; le prix de revient élevé; l'entretien délicat; la sécurité douteuse.

3⁰ CONDITIONS DU TIR.

Le but que l'on se propose dans la construction d'une arme de guerre est d'obtenir : une trajectoire très-tendue, une grande justesse et la plus grande portée possible.

On doit éviter de donner à l'arme et aux munitions un poids trop considérable; le recul ne doit pas être trop fort.

On arrive à ces résultats en déterminant d'une manière judicieuse les cinq éléments suivants :

1⁰ Le rapport entre le poids de la charge de poudre et le poids du projectile;

2⁰ La forme extérieure et la composition de la balle;

3⁰ Le poids du projectile et le poids de l'arme;

4⁰ Le calibre de l'arme;

5⁰ La disposition des rayures.

1⁰ Rapport entre le poids de la charge de poudre et le poids du projectile.

En raison de la grande importance de la tension de la trajectoire, on doit chercher à obtenir la plus grande vitesse initiale possible. On ne saurait cependant dépasser une certaine limite (450 mètres environ) sans compromettre tout à la fois, la justesse, la portée et la tension elle-même.

Une impulsion trop vive fait d'une balle de plomb un lingot informe ne pouvant se mouvoir dans l'air qu'en éprouvant des déviations considérables.

D'un autre côté, une forte charge imprime au canon des vibrations fort nuisibles à la régularité du tir. On ne peut employer une très-forte charge que dans des canons épais, lourds par conséquent; or, les canons des armes de guerre sont forcément minces en raison des conditions de poids qui s'imposent.

Enfin, même en supposant que les difficultés précédentes soient écartées, il n'y a pas réellement avantage à dépasser la vitesse de 450 mètres pour le tir des armes à feu portatives. En effet, pour augmenter la vitesse, on est obligé de diminuer le poids du projectile, afin de ne pas accroître le recul. Il en résulte qu'on n'imprime de grandes vitesses qu'à des balles très-légères. Or, l'expérience prouve que, dans ces conditions, la vitesse d'impulsion se perd très-rapidement en raison de la résistance de l'air.

Ainsi, il résulte d'expériences faites à Vincennes avec le fusil de chasseur suisse qu'une balle du poids de 16 gr., 50 ayant une vitesse initiale de 537 mètres, n'a plus que 287 de vitesse à 400 mètres (Voir page 7).

A 400 mètres, ce qu'on a gagné en vitesse d'impulsion est détruit, et le trajet au delà de cette distance se fait dans de mauvaises conditions parce que la balle est trop légère. Donc, pour obtenir une plus grande tension dans les quatre cents premiers mètres de parcours, on arrive à avoir une tension moindre aux grandes distances et une plus faible portée.

On doit se borner à employer, pour une cartouche de guerre, une charge de poudre donnant approximativement une vitesse de 450 mètres par seconde.

2° *Forme et composition du projectile.*

Forme. — Il résulte d'expériences nombreuses que pour mettre une balle allongée dans de bonnes conditions de tir, il faut que la longueur soit égale à environ 2 fois 1/2 le calibre, et que la forme extérieure se compose :

1° D'une partie antérieure ogivo-tronquée ou ogivo-circulaire.

2° D'un cylindre lisse ayant un calibre très-légèrement inférieur à celui de l'arme.

3° D'un petit bourrelet ayant pour but d'assurer le forcement, et encore cette dernière disposition n'est-elle pas indispensable.

Composition. — La balle doit être homogène et ne doit pas se déformer trop facilement sous l'action de la poudre.

Pour ce double motif, les balles estampées par compression sont bien préférables aux balles obtenues par le coulage ; on obtient encore d'excellents résultats en ajoutant au plomb du zinc ou de l'étain, dans le but d'avoir un alliage plus dur et, par suite, des balles se déformant moins par le forcement.

La balle doit toujours être entourée d'un papier graissé pour faciliter le glissement dans le canon, pour éviter le plombage (1) et pour rendre onctueux l'encrassement provenant du tir.

____

(1) Lorsqu'il reste dans le canon des parcelles de plomb adhérentes aux parois de l'âme, on dit que le canon est *plombé*. En pareil cas, le tir n'a plus de justesse.

3° *Poids du projectile et poids de l'arme.*

Si l'on veut que le tireur ajuste avec soin, il faut qu'il n'ait pas à se préoccuper du recul. L'effet produit par le recul sur l'épaule dépend du poids de l'arme. Ainsi, le recul produit par la cartouche modèle 1866 serait beaucoup trop fort si l'on réduisait le poids de l'arme à 2 kilogrammes; il serait au contraire peu sensible si l'on portait le poids du fusil à 6 kilogrammes.

De là, il résulte que plus l'arme a de poids, plus on peut augmenter, sans risques pour le tireur, la force développée dans l'intérieur du canon.

La possibilité d'accroître la puissance de l'arme en même temps que sa masse doit conduire à accepter pour le fusil le poids le plus lourd possible.

D'un autre côté, le soldat doit pouvoir porter son arme sans fatigue dans les marches et dans les manœuvres, la manier avec facilité pour l'escrime à la baïonnette et la soutenir à bras francs pendant le tir; ce qui exige que l'arme soit légère.

Nos prédécesseurs décidant entre ces exigences contraires fixèrent après de nombreux tâtonnements, le poids du fusil à 4 kilog., 650 environ. Les armées étaient alors moins nombreuses que de nos jours; le mode de recrutement n'était pas le même; la taille et la force moyennes du soldat étaient plus grandes. Le poids de 4 kil., 650, qui n'était pas exagéré sous Louis XIV et sous Louis XV, est trop fort aujourd'hui; on cherchera désormais à ne pas dépasser 4 kilogrammes. D'ailleurs, la nécessité de charger le soldat d'une assez grande quantité de munitions imposerait, quand même, cette réduction de poids.

Le poids du fusil étant fixé à 4 kilogrammes et la vitesse initiale à donner à la balle à 450 mètres, on en a déduit par expérience que le poids de la balle à adopter devait être environ de 24 grammes, afin que le recul fut supportable pour les soldats les moins robustes.

4° *Calibre de l'arme.*

Connaissant le poids et la forme de la balle, on en déduit le calibre et les dimensions,

Ainsi, une balle de plomb de 24 grammes ayant la forme indiquée ci-dessus, aurait un calibre de 10^{mm},6 et une longueur de 26^{mm},5.

Le tableau suivant indique les poids de balle qui conviennent le mieux suivant les calibres.

Calibres en millimètres.	8	9	10	11	12	13	14	15	16	17	18
Poids correspondants des projectiles	10^g	14^g	19^g,7	26^g,2	34^g,2	43^g,2	54^g,5	66^g,5	80^g,7	96^g,8	114^g,9

On voit qu'une arme de 18 millimètres (fusil modèle 1857, par exemple), mise dans les meilleures conditions de tir, devrait lancer un projectile de 115 grammes, avec une charge d'environ 29 grammes ; il est facile de reconnaître que le canon ne résisterait pas à l'explosion d'une pareille charge, et que l'épaule du tireur ne supporterait pas le recul qui en résulterait. Ce qui prouve combien le poids et les dimensions des cartouches de quelques armes transformées, sont loin des conditions qu'il faudrait réaliser pour donner à des canons de 18 millimètres toute la puissance de tir dont ils sont susceptibles. Car des armes de 18 millimètres mises dans de bonnes conditions de tir, auraient de la justesse au delà de 2000 mètres, et auraient une portée de 4 kilomètres environ.

Ce n'est donc pas par le seul fait de leurs dimensions que les petits calibres sont supérieurs aux grands.

5º Rayures.

Les rayures doivent être d'autant plus inclinées que la balle est plus longue relativement à son calibre, et que la vitesse est plus considérable.

Le pas des rayures était de plus de 6 mètres, il y a 30 ans, lorsqu'on tirait encore la balle ronde dans des carabines rayées. Il fut réduit à 2 mètres pour le tir de la balle allongée et des balles évidées successivement adoptées. Il est aujourd'hui de 0^m,55.

Le profil des rayures doit être déterminé de manière à assurer la rotation tout en facilitant le glissement. Nous avons encore des progrès à accomplir dans cet ordre de recherches. Les meilleurs résultats

Figure 37.

de justesse connus jusqu'à ce jour, ont été obtenus avec les rayures
Wythworth et les rayures Henry.

Le canon de M. Wythworth (*fig.* 37) est à section hexagonale ; il
tire indistinctement des balles cylindro-ogivales qui se moulent
dans le tube ou des balles à pans ; c'est-à-dire ayant déjà la forme

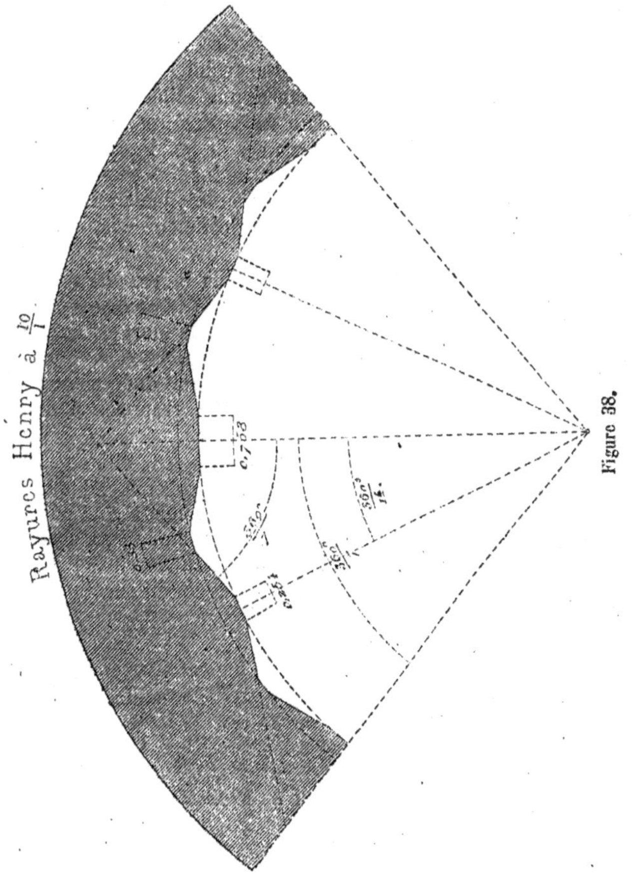

de l'âme. Ces dernières sont faites d'un alliage dur qui se déforme
peu sous le choc des gaz de la poudre. Aussi peut-on forcer la charge
sans inconvénients, et obtenir de grandes vitesses initiales.

Le canon Henry (*fig.* 38) est un perfectionnement du système

Wythworth. L'âme est taillée à 7 pans; mais les angles rentrants sont remplis par une nervure ayant même saillie que le milieu des faces. L'ensemble du tracé donne alors 14 rayures séparées entre elles alternativement par des pleins et des nervures.

Le canon Henry a été adopté en Angleterre conjointement avec le mécanisme Martini; d'où le nom de *fusil Martini-Henry* donné à l'arme anglaise.

En résumé, une bonne arme de guerre doit peser environ 4 kilog., avoir un calibre de 10^{mm},8, et lancer une balle allongée pesant 24 grammes avec une vitesse initiale de 450 mètres, ce qui s'obtient au moyen d'une charge de 6 grammes de poudre environ.

La cartouche idéale pèserait donc au moins 30 grammes, soit 24 grammes de plomb et 6 grammes de poudre; mais à ce poids il faut ajouter celui de l'enveloppe, celui de l'amorce et celui des accessoires.

Si la cartouche est combustible, l'ensemble de ces derniers éléments se réduit à environ la moitié de la charge de poudre.

Si la cartouche est à étui métallique, le poids mort est au moins égal à une fois et demie le poids de cette charge.

La cartouche théoriquement la meilleure doit donc peser environ 33 grammes, si elle est combustible, et 39 grammes si elle est à étui métallique.

Le calibre du fusil, le poids de la cartouche et la vitesse initiale de la balle, sont les principaux éléments desquels dépend la valeur du tir de l'arme. Dans le tableau suivant, on a mis à côté du poids de la cartouche adoptée, le poids de la cartouche le plus convenable pour le calibre. La comparaison permettra de constater pour chaque arme, de combien on s'est écarté des conditions jugées les meilleures.

CALIBRES.	DÉSIGNATION des MODÈLES.	NATIONALITÉS.	POIDS DE LA CARTOUCHE.				POIDS de l'arme sans baïonnette.	POIDS de l'arme et de 100 cartouches.	VITESSE INITIALE.
			THÉORIQUE		ADOPTÉE.				
			combustible.	à étui rigide.	combustible.	à étui rigide			
			gr.	gr.	gr.	gr.	kil.	kil.	m.
mm									
GROS CALIBRES.									
18,0	Fusil à tabatière, modèle 1857..	France....	»	186	»	47,80	4,560	9,340	»
17,8	Carabine à tabatière, mᵒ 1857.	France...	»	180	»	57,30	4,770	10,500	323,0
17,5	Fusil transformé Snider.....	Hollande...	»	170	»	52,50	4,570	9,820	»
17,5	Fusil transformé Carcano....	Italie....	144	»	44,5	»	4,628	8,778	295,0
17,0	Carabine transformée Snider.	Danemark..	»	156	»	50,00	4,404	9,404	344,4
CALIBRES MOYENS.									
15,4	Fusil à aiguille..	Prusse...	99	»	40,5	»	5,020	9,070	299,4
15,3	Fusil transformé Karl.....	Russie...	96	»	43,3	»	4,777	9,107	»
14,8	Fusil Enfield Snider......	Angleterre.	»	104	»	44,60	»	»	»
14,4	Carabine transformée Berdan.	Espagne...	»	96	»	45,00	»	»	300,0
13,9	Fusil et carabine transformés Waentzel...	Autriche...	»	85	»	»	4,373	»	»
PETITS CALIBRES.									
12,9	Fusil Springfield.	États-Unis..	»	67	»	44,00	4,352	8,752	375,0
12,7	Fusil Peabody..	Roumanie..	»	65	»	»	»	»	»
12,5	Fusil Remington.	Norwége..	»	62	»	»	4,345	»	»
12,4	Idem......	Suède....	»	55	»	35,00	4,263	7,763	»
11,6	Idem......	Danemark..	»	49	»	34,50	4,038	7,488	383,6
11,3	Fusil Westley Richard.....	Portugal..	39	»	37,7	»	4,224	7,994	»
11,3	Fusil Martini-Henry.....	Angleterre.	»	46	»	46,50	4,225	8,875	445,0
11,0	Fusil Albini...	Belgique...	»	42	»	39,80	4,703	8,683	400,6
11,0	Fusil Werder..	Bavière...	»	42	»	35,20	4,400	7,920	450,0
11,0	Fusil Remington.	Egypte...	»	42	»	40,00	4,200	8,200	430,0
11,0	Fusil modᵒ 1866.	France...	36	42	32,5	»	4,034	7,334	409,0
11,0	Fusil de Beaumont......	Hollande..	»	42	»	34,00	4,350	7,750	404,0
10,9	Fusil Werndt...	Autriche...	»	44	»	32,40	4,480	7,720	436,0
10,7	Fusil Berdan...	Russie....	»	39	»	41,46	4,255	8,401	442,0
10,5	Fusil Amsler Milbank......	Suisse...	»	37	»	30,40	4,815	7,855	435,0
10,4	Fusil Wetterlin à 1 coup.....	Italie....	»	36 5	»	35,00	4,200	7,700	425,0

On peut classer ces armes en trois groupes :

> Les armes de gros calibre ;
> Les armes de moyen calibre ;
> Les armes de petit calibre.

Les conditions de tir des armes du premier groupe sont au moins médiocres ; dans le deuxième elles varient entre le passable et l'assez bon ; la valeur des armes du dernier groupe va du bon au très-bon.

Armes de gros calibre. — Ce sont les vieux modèles établis en vue du tir de la balle ronde ou, tout au moins, de la balle allongée et de la balle à culot. Les plus anciens ont subi deux transformations : la première leur a donné des rayures ; la deuxième, la vitesse du tir par l'adoption du chargement par l'arrière.

On a déjà fait ressortir les mauvaises conditions du tir de ces armes : les cartouches sont fort lourdes et cependant leur poids est bien au-dessous du nécessaire ; la trajectoire est peu tendue.

Armes de moyen calibre.—Ce sont les modèles de transition adoptés à une époque où l'on voyait vaguement qu'il fallait réduire le diamètre, sans se rendre compte des dimensions qu'il fallait adopter.

A part le fusil prussien, toutes ces armes avaient été établies en vue du chargement par la bouche et du tir d'une balle évidée ou d'une balle à culot.

Armes de petit calibre.—Ce groupe, presque entièrement composé de modèles tout récents, contient cependant trois armes transformées : le fusil des États-Unis, le fusil Albini et le fusil suisse. Les deux premiers ont été réduits de calibre au moment de la transformation ; le premier par l'addition d'un tube intérieur, le deuxième par le changement du tube du canon, en conservant cependant le tonnerre de l'ancien fusil qui sert de boîte de culasse à l'arme transformée.

Tension, justesse, portée. — Le choix du calibre est la base fondamentale de la détermination d'une arme de guerre et, par suite, le premier élément d'appréciation ; mais à égalité de calibre, toutes les armes n'ont pas la même valeur. Il y a donc lieu d'examiner, les dispositions de détail adoptées en vue d'obtenir la tension, la justesse, la portée.

La supériorité de telle disposition sur telle autre peut être quelquefois préjugée ; mais le plus souvent elle ne ressort clairement que par les résultats du tir. Il est donc essentiel d'avoir sur chaque arme quelques résultats comparables.

Tension. — Dans le tableau suivant nous prendrons pour expression de la tension, la grandeur de la flèche de la trajectoire de 0 à 400 mètres.

Justesse. — Pour la justesse, nous prendrons l'écart absolu moyen par rapport au point moyen aux distances de 200, 400, 600, 800 et 1000 mètres.

Portée. — La portée sera évaluée en mètres et d'après la plus grande hauteur que la hausse permette de donner au cran de mire.

Pour les renseignements donnés ci-après, les armes sont classées par nationalité et les puissances, par ordre alphabétique.

NOMS des PUISSANCES.	DÉSIGNATION du MODÈLE.	CALIBRE.	POIDS DE LA CARTOUCHE.	TENSION. Flèche de 0 à 400ᵐ.	JUSTESSE, ÉCART ABSOLU MOYEN, par rapport au point moyen					PORTÉE.
					à 200 mèt.	à 400 mèt.	à 600 mèt.	à 800 mèt.	à 1000 mèt.	
		mm.	gr.	m.	m.	m.	m.	m.	m.	mèt.
Angleterre.	Enfield, Snider..	14,8	44,6	2,58	0,20	0,49	0,94	2,00	»	800
	Martini-Henry..	14,3	46,5	1,78	0,13	0,27	0,58	0,82	1,30	1200
Autriche...	Waentzel....	13,9	»	»	»	»	»	»	»	600
	Werndt......	10,9	32,4	»	»	»	»	»	»	»
Bavière...	Werder.....	11,0	35,2	1,86	»	»	»	»	»	900
Belgique...	Albini......	11,0	39,8	2,32	0,39	0,65	»	»	»	1000
Danemark..	Transformation..	17,0	50,0	3,28	0,41	0,84	»	»	»	700
	Remington...	11,6	34,5	2,25	0,25	0,53	»	»	»	1000
Egypte...	Remington...	11,0	44,0	»	»	»	»	»	»	»
Espagne...	Transformation Berdan.....	14,4	45,0		»	»	»	»	»	»
	Remington...	11,0	40,9	1,87	»	»	»	»	»	1000
Etats-Unis.	Fusil Springfield.	12,9	44,0	2,37	0,14	0,34	0,69	1,20	1,90	1000
France...	Fusil transformé 1867......	18,0	47,8	»	0,44	0,95	2,00	»	»	600
	Carabine transformée 1867..	17,8	57,3	3,90	0,32	0,74	1,15	1,92	2 65	1000
	Fusil modèle 1866	11,0	32,5	1,88	0,20	0,42	0,70	1,30	2,03	1200
Hollande..	Transformation..	17,5	52,5	»	»	»	»	»	»	600
	Fusil de Beaumont......	11,0	34,0	»	»	»	»	»	»	1200
Italie....	Fusil Carcano..	17,5	41,6	»	»	»	»	»	»	600
	Fusil Wetterlin..	10,5	35,0	»	»	»	»	»	»	»
Norwége..	Fusil Remington	12,5	»	»	»	»	»	»	»	»
Portugal...	Fusil Westley Richard.....	14,3	37,7	2,38	0,22	0,58	»	»	»	600
Prusse....	Fusil Dreysse..	15,4	40,5	2,95	0,27	0,49	0,92	»	»	900
Russie....	Fusil Karl...	15,3	43,3	»	»	»	»	»	»	1000
	Fusil Berdan..	10,7	41,5	»	»	»	»	»	»	1200
Suède....	Fusil Remington.	12,4	35,0	»	»	»	»	»	»	1000

CHAPITRE II

ARMEMENT EN SERVICE.

§ I.

CARTOUCHE POUR FUSIL A AIGUILLE MODÈLE 1866.

La cartouche (*fig*. 39) se compose d'un étui amorcé et rempli de poudre, et d'une balle pleine, réunie à l'étui par un cône de papier et une ligature.

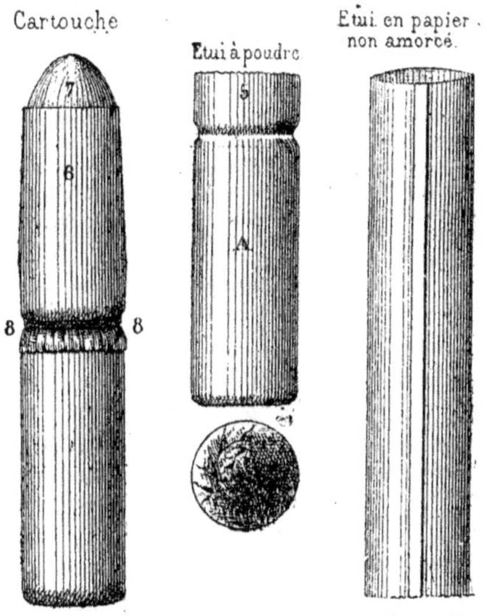

L'ÉTUI ENVELOPPE A (*fig*. 40 et 41) est formé d'une révolution de papier recouvert d'une révolution de *gaze de soie*.

La poudre ne peut se tamiser à travers le papier; elle est tassée dans l'étui pour donner de la rigidité à la cartouche.

La gaze de soie donne à l'étui de la solidité sous une épaisseur minime. L'enveloppe doit être entièrement brûlée ou expulsée par le tir.

L'étui est fermé d'un côté par l'*a-morce* B (*fig*. 42, 43 et 44) composée de plusieurs pièces reliées entre elles et collées sur l'étui par l'intermédiaire d'une **étoile en papier** (1).

Figure 39.　　Figure 40.　　Figure 41.

La capsule *à rebords* (2) (*fig.* 43 et 45), qui contient la poudre fulminante, est engagée dans une **collerette** en carton (3) (*fig.* 43 et 46), que l'on colle ensuite au centre de l'étoile.

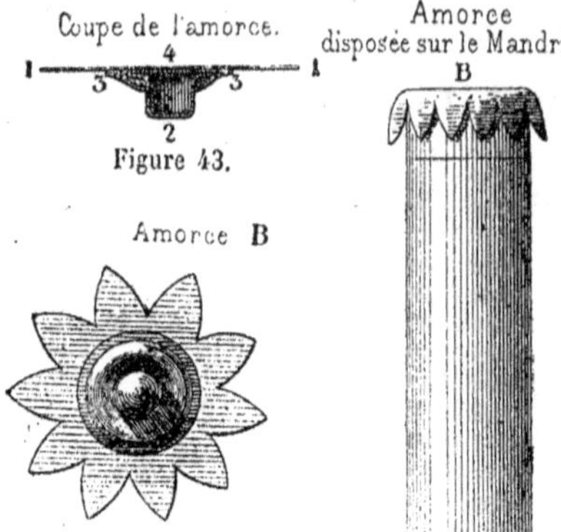

Coupe de l'amorce.

Figure 43.

Amorce disposée sur le Mandrin.

Amorce B

Figure 42.

Figure 44.

Une rondelle de caoutchouc (4) (*fig.* 47) est interposée entre l'entrée de la capsule et l'étoile en papier; elle a pour objet d'obturer le trou antérieur de la tête mobile.

La capsule, la rondelle de caoutchouc, l'étoile de papier et la collerette de carton qui sert à relier ces pièces, constituent l'amorce de la cartouche et le fond de l'étui à poudre.

Au-dessus de la poudre, on place **une rondelle de carton** (5), percée d'un *trou central* (*fig.* 48). Le papier de l'enveloppe est tor-

Collerette

Figure 46.

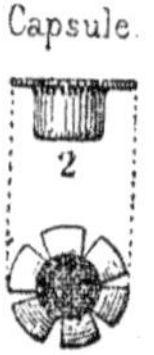

Capsule

Figure 45.

Rondelle de caoutchouc

Figure 47.

Rondelle de carton

Figure 48.

tillé en avant du carton pour fermer l'étui à poudre. *Le tortillon* est coupé court avec des ciseaux; la partie conservée est introduite dans le trou central de la rondelle; les plis sont aplatis par frottement, de manière à former, à l'avant de l'étui, une tranche plane sur laquelle doit poser la base de la balle.

Figure 49.

Balle.

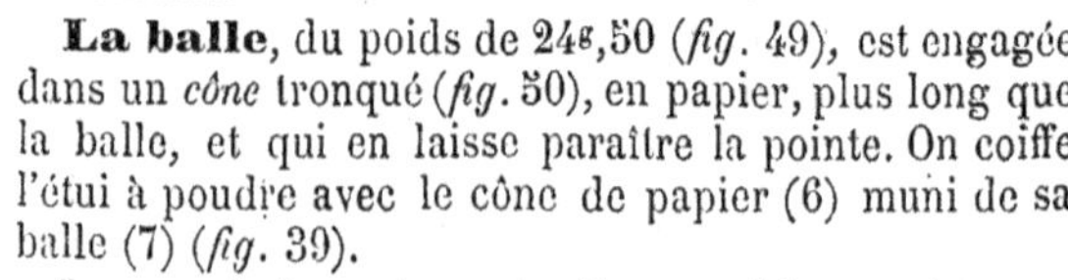

La balle, du poids de 24^g,50 (*fig.* 49), est engagée dans un *cône* tronqué (*fig.* 50), en papier, plus long que la balle, et qui en laisse paraître la pointe. On coiffe l'étui à poudre avec le cône de papier (6) muni de sa balle (7) (*fig.* 39).

Lorsque la base du projectile pose bien sur la tranchc de l'étui, on fixe l'assemblage par *une ligature* (8) faite au-dessous de la rondelle.

Le cône est *graissé* à l'extérieur ; la tranche postérieure de la cartouche est *cirée* pour lubrifier l'encrassement qui se dépose autour de l'aiguille.

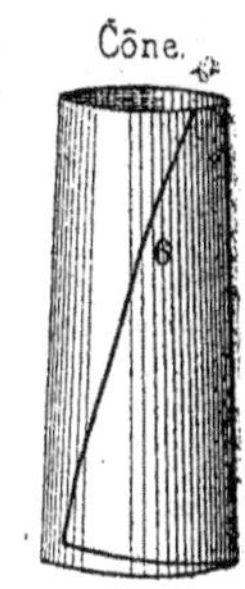

La cartouche prend appui sur le ressaut de la chambre, par le pourtour de la rondelle de carton (5) qui déborde la base de la balle. Il est très-important que l'étui à poudre ait une longueur invariable, pour que la capsule soit toujours à la même distance de l'aiguille. La cartouche terminée doit avoir 68 millim. de hauteur. On tolère 0^{mm},5 en plus ou en moins. Toute cartouche délivrée doit avoir une longueur comprise entre 67^{mm},5 et 68^{mm},5.

Figure 50.

La cartouche doit contenir 5 gr., 50 de poudre B, et peser 32 gr., 50 environ.

Les cartouches sont soigneusement empaquetées dans des boîtes de carton contenant 9 cartouches.

Un paquet de 9 cartouches pèse à peu près 300 grammes.

<h2 style="text-align:center">§ II.</h2>

<h1 style="text-align:center">FUSIL D'INFANTERIE MODÈLE 1866.</h1>

Le fusil modèle 1866 (*fig.* 51), de même que toute arme à feu se chargeant par la culasse, se divise en 5 parties principales, savoir :

1° *Le canon ;*

2° *La culasse mobile et le mécanisme servant à produire le feu ;*

3° *La monture ;*

4° *Les garnitures ;*

5° *La baïonnette.*

<h3 style="text-align:center">1° CANON.</h3>

Le canon présente des dispositions variées, en raison des conditions multiples auxquelles il faut satisfaire.

Le canon doit être d'abord d'une solidité éprouvée, surtout *au tonnerre* (partie renforcée correspondant à la charge) ; c'est une condition commune à toutes les armes. Le canon du fusil modèle 1866, qui est en *acier puddlé fondu*, est éprouvé avec une cartouche spéciale contenant un lingot de plomb de 45 grammes et 16 grammes de poudre B.

Ce mécanisme est rééprouvé d'abord par le tir d'une balle de 36

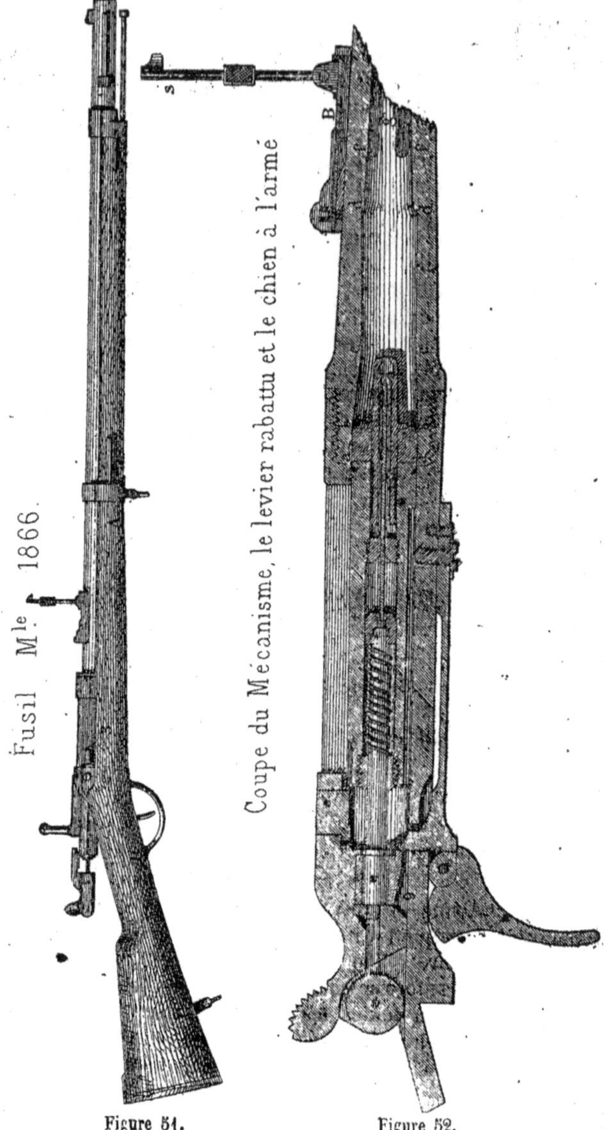

Figure 51.   Figure 52.

grammes avec 6 grammes de poudre, puis par le tir de la cartouche modèle 1866.

En dehors de cette question de solidité, il faut :

1° Loger la cartouche;

2° Assurer la percussion, en donnant à la cartouche un appui invariable ;

3° Se débarrasser sûrement de l'enveloppe par le tir ou après le tir ;

4° Centrer le projectile;

5° Assurer la rotation et la direction initiales du projectile ;

6° Disposer sur le canon des moyens de pointage en rapport avec la justesse et la portée ;

7° Rattacher le canon aux autres pièces de l'arme.

1° Dans le fusil modèle 1866, la cartouche se place dans une *chambre* dont les formes sont indiquées dans la *figure* 52. Le premier cylindre (*a b*) est occupé par l'obturateur. Le dard de la tête mobile vient occuper le tronc de cône (*b c*) jusqu'à hauteur du raccordement ; il pousse l'étui à poudre dans le cylindre (*cd*) qui est assez long pour le contenir, et assez large pour que le chargement soit facile, même après encrassement de la chambre.

2° Pour résister à la poussée de l'aiguille et, par suite, pour assurer la production du feu, l'étui à poudre vient buter contre un *ressaut* (*d*) ménagé, à cet effet, dans la chambre.

3° Avec le fusil modèle 1866, on se débarrasse de l'enveloppe de la cartouche par le tir. Les gaz de la poudre doivent en brûler ou en

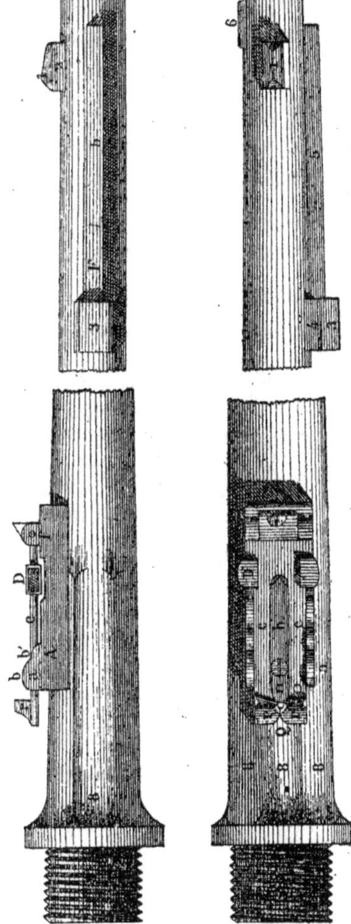

Figure 53.

expulser tous les éléments ; c'est dans ce but que l'on a ménagé en arrière de la cartouche, autour du dard, *une chambre ardente* qui occupe le pourtour de la partie tronconique (*bc*).

4° La balle occupe le tronc de cône (*df*) qui raccorde la chambre avec *l'âme* (*fg*). Les dimensions de cette partie tronc-conique ont été déterminées en vue de centrer le projectile et de le placer à l'entrée des rayures.

5° La direction initiale et la rotation de la balle sont déterminées par *l'âme cylindrique*. Elle est du calibre de 11^{mm} et porte 4 *rayures* au pas de 0^m,55 ; les rayures ont une profondeur de 0^{mm},3 et une largeur de 4^{mm},6 environ.

6° La HAUSSE MOBILE (*fig*. 53 et 54) du fusil modèle 1866, se compose de 4 pièces principales : *le pied de hausse* (A), *le ressort* (B), *la planche mobile* (C), *le curseur* (D), et, de pièces accessoires servant à relier les pièces principales ou à limiter leur mouvement.

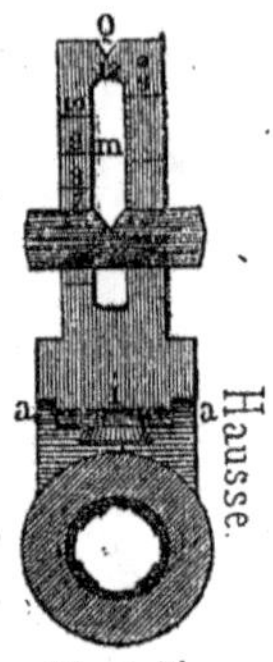

Figure 54.

Le pied de hausse est fixé sur le canon par une brasure à l'étain ; il porte deux oreilles ou *côtés* (*a*) qui garantissent la planche lorsqu'elle est couchée sur son pied. Les *gradins* (*bb'*) ménagés sur ces oreilles, offrent des appuis sur lesquels on fait reposer le curseur pour obtenir les lignes de mire fixes qui servent à régler le tir jusqu'à 450 mètres. Du côté opposé aux gradins, se trouvent deux *œils* qui servent à assembler la planche et le *pied de hausse*.

Le ressort (*fig*. 55) est fixé au pied par une vis qui a son écrou dans le pied de hausse ; il est destiné à maintenir la planche dressée, couchée sur son pied ou rabattue en avant sur le canon.

Figure 55.

La planche mobile est assemblée avec le pied au moyen d'une **goupille** qui traverse les deux *œils du pied de hausse* et *l'œil de la planche*. La planche, se rabattant indifféremment en avant ou en arrière, peut céder à un choc dans les deux sens, ce qui prévient les dégradations de la charnière. Une large *fente* (*m*, *fig*. 54) percée dans le milieu de la planche, donne un champ de vision suffisant pour laisser voir le but et tout ce qui l'environne. *La partie supérieure* porte, en saillie, un *rebord* (*r*) dans lequel est entaillé le *cran de mire* (*n*) qui sert à viser lorsque la planche est couchée sur son pied ou sur les gradins (projection horizontale de la *fig.* 53); un deuxième cran de mire *p* est entaillé dans le *pied de la planche* (*fig.* 56), ce qui donne une ligne de mire éventuelle lorsque la hausse est rabattue en avant; un troisième cran (Q) (*fig.* 54), entaillé au sommet de la pièce, correspond à peu près à la distance de 1170 mètres, lorsque la hausse est dressée.

Le curseur (*fig.* 57) porte le *cran de mire* mobile qui sert à régler le tir de 500 à 1050ᵐ environ; il glisse sur la planche et s'y maintient par son propre ressort. Son mouvement est limité du côté du pied par un ressaut de la planche et, du côté opposé, par l'**arrêtoir** (S), petite vis sans tête ni fente, fixée sur le côté droit de la planche mobile.

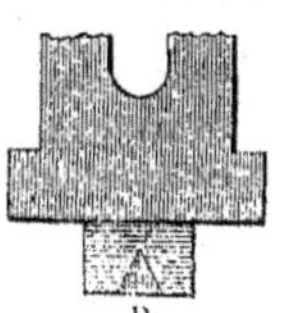

Figure 56.

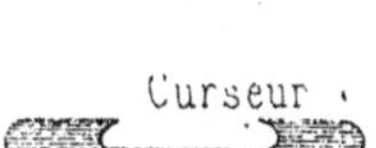

Figure 57.

Le guidon (1) (*fig.* 53 et 58) est monté sur *une embase* (2) de manière que les lignes supérieures ne soient pas masquées par le bout du canon, ni même par la virole du sabre-baïonnette lorsque ce dernier est au bout du canon; l'embase du guidon est fixée sur le canon par une *brasure au cuivre*.

La distance entre la hausse et le guidon est de 0ᵐ,68 lorsque la hausse est dressée ou rabattue en avant, de 0ᵐ,73 environ, lorsque la planche est couchée sur les gradins.

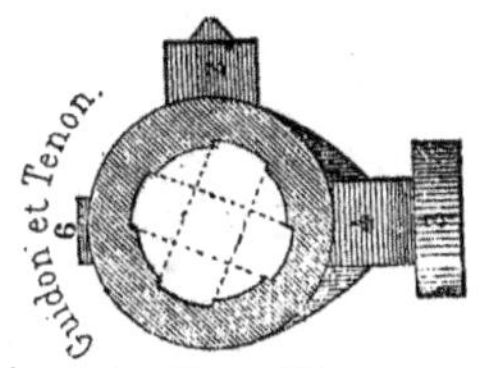

Figure 58.

Le pointage gagnerait en précision si le curseur et le guidon étaient noircis d'une manière quelconque; les surfaces brillantes rendent le pointage difficile.

7° Le canon porte du côté de la bouche, deux **tenons** brasés sur le canon pour attacher le sabre-baïonnette (*fig.* 53 et 58). *Le grand tenon* (F) se compose du *bouton* (3), de son *embase* (4) et de la *directrice* (5) qui sert à faciliter le placement du sabre-baïonnette. *Le petit tenon* (6) assure la fixité de l'assemblage.

Du côté du tonnerre, le canon se termine par un *bouton fileté* (7) qui sert à le réunir à la boîte de culasse (*fig.* 53).

Le canon et la boîte de culasse ne doivent être séparés que dans des cas d'absolue nécessité. Cette opération ne peut d'ailleurs être faite qu'en manufacture, à l'aide d'une clef spéciale s'ajustant sur *les pans* (8) *du canon.*

La boîte de culasse (*fig.* 59), que l'on peut considérer comme faisant partie du canon, sert, en réalité, à rattacher le canon proprement dit à la culasse mobile; elle porte en avant *un écrou* (O) dans lequel se visse le bouton fileté du canon, et des *pans* (1 et 2) qui servent à saisir la pièce dans les mâchoires de l'étau, quand on veut déculasser ou reculasser le canon.

La boîte de culasse contient la culasse mobile. *La fente supérieure* (3) sert de directrice à la culasse mobile dans son mouvement en avant et en arrière; *l'échancrure* (4) ménagée à droite donne passage à la cartouche dans le chargement; *le rempart* (5) fournit un arrêt invariable sur lequel la culasse mobile s'appuie pour résister à l'action de la charge; *le trou rectangulaire* (6) donne passage à la tête de la gâchette. La boîte de culasse se rattache à la monture par le *tenon* ou *talon de recul* (7) dont le nom indique suffisamment la fonction, et par la **vis de culasse** qui a son écrou dans la pièce de détente.

La vis-arrêtoir (*fig.* 60) fait saillie dans l'intérieur de la boîte, pour limiter en arrière le mouvement de la culasse mobile.

Le ressort-gâchette (*fig.* 61) a pour fonctions d'enrayer le mouvement du chien lorsque le fusil est à l'armé (voir de plus la *fig.* 52). *Par son talon* (1) il se rattache à la boîte de culasse au moyen de 2 vis: **la vis à tête carrée** (*fig.* 62) qui est la seule indispensable, **la petite vis** (*fig.* 63), pièce de précaution, qui empêche la première de se dévisser, ou plutôt, qui force le soldat à visser la première à fond, car la deuxième ne peut être mise en place que lorsque *l'échancrure* (1)

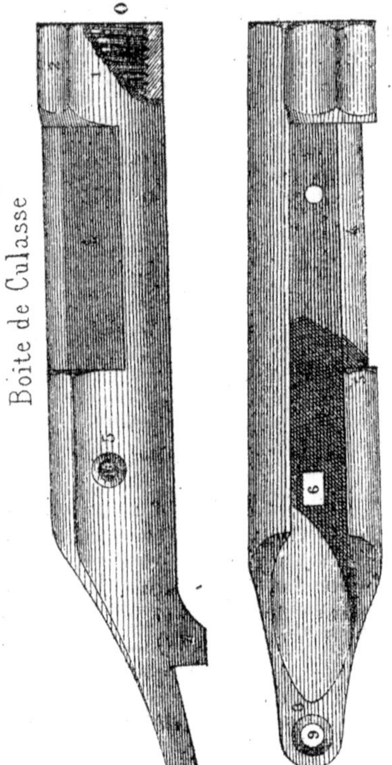

Figure 59.

de la vis à tête carrée est en face de l'emplacement de la petite vis.

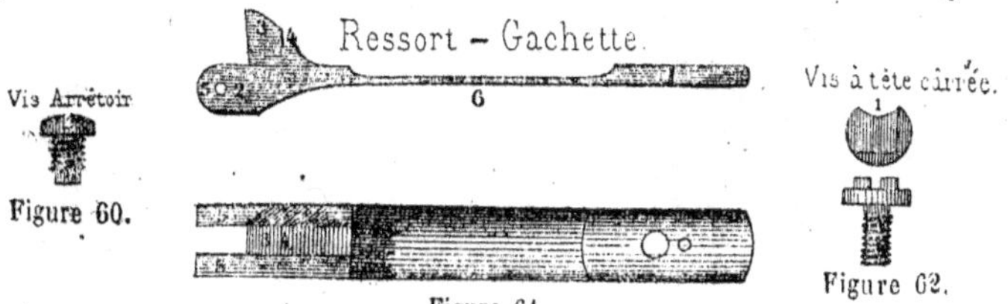

La tête du ressort (2) porte : la *tête de gâchette* (3), pièce carrée qui fait saillie dans l'intérieur de la boîte pour maintenir le chien à l'armé; *l'épaulement* (4) qui limite la saillie; et les *ailettes* (5).

La branche du ressort, (6) qui réunit le talon à la tête, maintient la tête de gâchette en saillie dans la boîte de culasse (*fig.* 52).

La détente (*fig.* 64) sert à faire rentrer la tête de gâchette. *Le corps de la détente* (1), de forme arrondie, prend appui sur le dessous de la boîte de culasse, lorsqu'on presse la *queue* (3) pour faire partir le coup. Dans ce cas, la **goupille** (2) qui réunit la détente au ressort-gâchette, baisse et entraîne dans son mouvement la tête de gâchette.

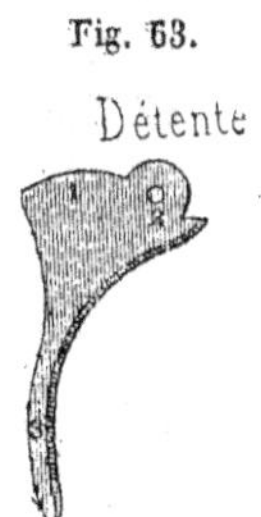

2° CULASSE MOBILE.

La culasse mobile du fusil modèle 1866 ferme le canon du côté du tonnerre et contient le mécanisme qui sert à enflammer l'amorce.

Ces deux fonctions, qui pourraient être distinctes, seront examinées successivement.

FERMETURE DU TONNERRE. — La fermeture du tonnerre est opérée à l'aide de 3 pièces principales, savoir :

1° *Le cylindre;*

2° *La tête mobile;*

3° *La rondelle de caoutchouc.*

L'ensemble des deux dernières pièces constitue l'appareil obturateur.

1º Le cylindre (*fig*. 65), considéré comme pièce de fermeture, présente un *renfort* (1) qui se loge dans l'échancrure de la boîte de culasse et prend appui sur le rempart pour résister à l'action de

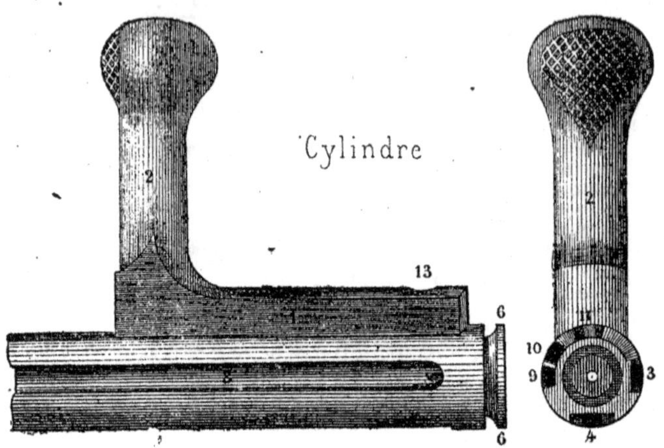

Figure 65.

la charge; le renfort porte un *levier* (2) servant à la manœuvre du mécanisme. En faisant tourner le cylindre d'un quart de tour à l'aide du levier, on amène le renfort en face de la fente supérieure.

Figure 66.

Le cylindre présente, d'ailleurs, 2 fentes creusées dans l'épaisseur du métal. Lorsque le renfort est en face de la fente supérieure de la boîte de culasse, *la fente latérale* (3) est en face de la vis-arrêtoir et *la fente inférieure* (4) en face de la tête de gâchette. Moyennant ces dispositions, le cylindre peut être ramené en arrière, jusqu'à ce que le fond de la fente latérale rencontre la vis-arrêtoir. A ce moment, l'échancrure est complétement dégagée et l'on peut introduire la cartouche.

La fermeture du tonnerre s'opère par le mouvement inverse.

Le logement de la tête mobile (5-*fig*. 66) est percé suivant l'axe du cylindre.

2° La tête mobile (*fig*. 67) ferme le tonnerre. *Le dard* ménagé à l'avant, a pour but de créer une chambre ardente en arrière de la cartouche.

La plaque de recouvrement (2) reçoit directement l'action des gaz et la transmet à la rondelle de caoutchouc, sur laquelle elle est posée. *La tige* (3) sert à relier la tête mobile au cylindre ; elle traverse la rondelle de caoutchouc et pénètre dans le logement de la tête mobile, où elle est retenue par une vis-arrêtoir engagée dans *le collet* (4).

Figure 67.

La tête mobile est percée suivant son axe, pour le passage de l'aiguille (*fig*. 68). Dans ce canal, on a ménagé deux cloisons comprenant entre elles une chambre dite *chambre à crasse* (5) parce qu'elle reçoit les débris de caoutchouc et de papier provenant de la cartouche, ainsi que l'encrassement dû à la combustion incomplète de la poudre. *Le trou antérieur* (6) est plus large que le *trou intérieur* (7) dans lequel est ajustée l'aiguille ; pour que ce trou ne se dégrade pas, l'extrémité du dard n'est recuite qu'au jaune paille.

La vis-arrêtoir de tête mobile (*fig*. 68 et 69), par son *bout non filété*, retient la tête mobile tout en lui laissant un certain jeu dans l'intérieur de son logement.

Figure 68.   Fig. 70.   Fig. 69.

3° La rondelle de caoutchouc (*fig*. 67, 68 et 70) est la pièce essentielle de l'appareil obturateur ; elle est prise entre la *tranche antérieure du cylindre* (6) et la face postérieure de la plaque de recouvrement de la tête mobile (2). Elle est comprimée au moment de l'explosion de la charge et elle s'élargit de manière à produire l'obturation.

MÉCANISME SERVANT A LA PRODUCTION DU FEU.

Le mécanisme se compose : 1º de pièces fixes, sur lesquelles prend appui le ressort à boudin ; 2º de pièces mobiles, lancées d'un mouvement commun pour produire la percussion sur l'amorce ; 3º d'un ressort à boudin produisant le mouvement.

Pièces fixes.

Les pièces fixes sont : *le cylindre*, dont il a été déjà question à propos de la fermeture ; sa *vis-bouchon*.

Le cylindre, considéré comme pièce de mécanisme, est creusé à l'arrière, suivant son axe, pour fournir *le logement du ressort* (7) ; ce logement est séparé de celui de la tête mobile par un **grain** (8) vissé dans le cylindre. Le grain, percé d'un *trou* pour le passage de l'aiguille, sert d'arrêtoir aux pièces mobiles lancées par le ressort.

Le cran de l'armé (11, fig. 65) a pour but de fixer la pièce d'arrêt de manière que, l'aiguille étant complétement rentrée, le coude du

Rainures du Cylindre

Figure 74.

Vis-bouchon

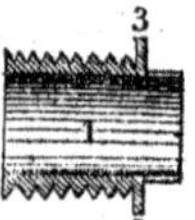

Figure 72.

chien soit exactement dans le prolongement du renfort du cylindre ; c'est la position à donner aux 2 pièces pour que le chargement soit possible. *La rainure de sûreté* (10-*fig.* 65 et 74) permet de débander un peu le ressort, sans laisser sortir l'aiguille en avant du dard. *La rainure du départ* (9) donne un libre passage à la pièce d'arrêt et permet le mouvement du chien. Cette rainure est exactement en face de la pièce d'arrêt lorsque l'arme est complétement fermée.

La vis-bouchon (fig. 72 et 52) ferme le logement du ressort du côté de l'arrière ; elle est percée d'un *trou cylindrique* (1) pour le passage de la tige porte-aiguille, et présente *un carré* (2) qui sert à visser et à dévisser le bouchon à l'aide d'une clef spéciale. Le mouvement de visser est limité par une *embase* (3) qui vient porter sur la tranche du cylindre.

Pièces mobiles.

Les pièces mobiles lancées d'un mouvement commun sont :

1° *Le chien et son galet ;*
2° *La noix ;*
3° *Le porte-aiguille ;*
4° *Le manchon ;*
5° *L'aiguille.*

Le chien, la noix et la tige porte-aiguille sont réunis à l'aide d'une goupille (fig. 73). Le manchon sert à fixer l'aiguille à l'extrémité de la tige ; il en résulte que tout mouvement du chien détermine le même mouvement de l'aiguille.

1° **Le chien** (fig. 73, 74 et 75) a une *tête quadrillée* (1), sur laquelle agit le pouce de

Coupe du Chien

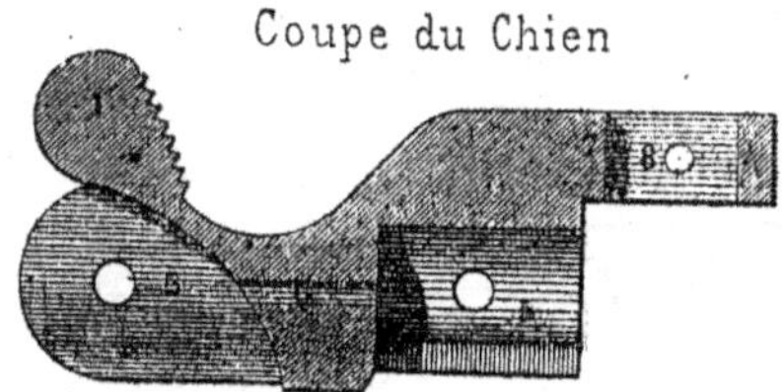

Figure 74.

la main droite pour armer ; il porte à l'arrière un **galet** (2) logé dans une *fente* (3) et tournant autour d'une **goupille** (4) pour empêcher le frottement du chien sur la boîte de culasse. En avant se trouve le *logement de la noix* (5). Dans la cloison qui ferme le logement de la noix est percé le *trou central* (6) où est logée l'extrémité du porte-aiguille. De la partie supérieure, se détache le *coude* (7) percé d'une *mortaise* (8) servant à ratta-

Chien vu par l'arrière

Figure 75.

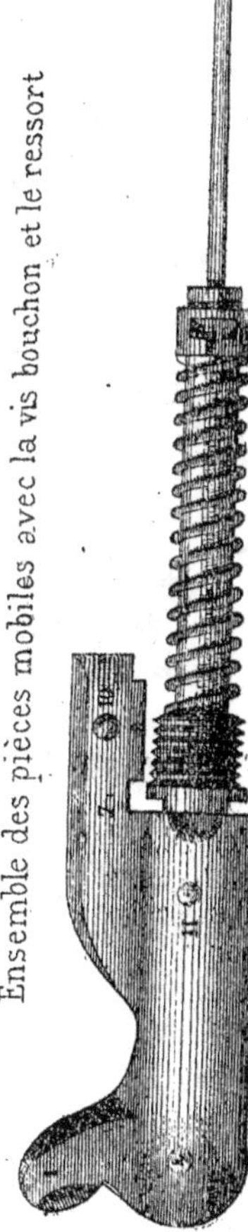

Figure 73.

cher au chien la *pièce d'arrêt* (9) ; les deux pièces sont reliées par une **goupille**.

La pièce d'arrêt (fig. 76, 73 et 52), lorsqu'elle porte sur la tranche du cylindre, maintient le ressort au bandé et, par suite, la pointe de l'aiguille dans l'intérieur de la tête mobile. Le chien et le cylindre ne peuvent se rapprocher que lorsque la pièce d'arrêt est en face d'une fente ou d'une rainure qui lui donne un libre passage.

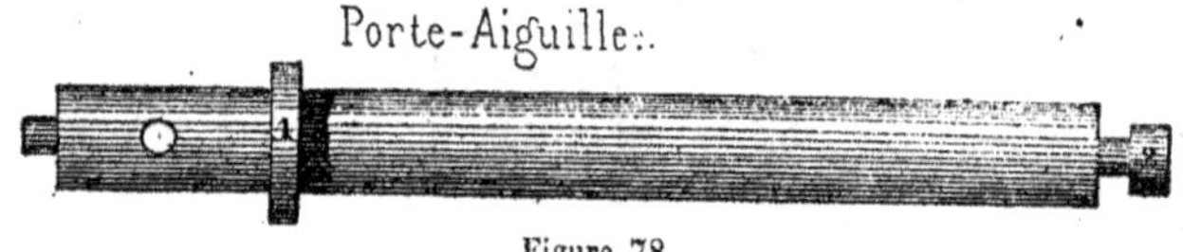

Figure 76.   Figure 77.

2° **La noix** (fig. 77), sorte de virole qui entoure le porte-aiguille, porte le *cran* (1) qui prend appui sur la tête de gâchette pour maintenir le ressort au bandé. Le cran doit toujours être en bon état ; aussi a-t-on fait de la noix une pièce séparée qui peut être réparée et retrempée ou changée à peu de frais.

Porte-Aiguille.

Figure 78.

3° **Le porte-aiguille** (fig. 78) est une tige divisée en deux portions par un renfort ou *embase* (1) ; la partie la moins longue s'engage dans la noix et dans le chien. La partie la plus longue est terminée par un *T* (2) qui sert à relier l'aiguille et le porte-aiguille à l'aide du manchon. Le porte-aiguille traverse la vis-bouchon.

Manchon

Figure 79.

4° **Le manchon** (fig. 79) relie l'aiguille et le porte-aiguille, et fait saillie autour de la tige. Il reçoit directement l'action du res-

sort et la transmet à toutes les autres pièces mobiles. Le fond du
logement du T (1) est percé d'un *trou* (2) pour le passage de l'aiguille ; *une fraisure* (3) sert à loger la tête de l'aiguille.

Aiguille .

Fig.80.

Ressort à boudin .

Fig.81.

5° **L'aiguille** (fig. 80) produit le feu en frappant par *sa pointe*
le fulminate de la capsule.

Ressort.

Le ressort à boudin (fig. 81) est le moteur du mécanisme; il
prend un appui fixe sur la vis-bouchon et agit sur l'ensemble des
pièces mobiles, en poussant le manchon qui fait saillie autour de
la tige porte-aiguille.

JEU DU MÉCANISME.

Un coup vient de partir. La gâchette est dans le creux (9) formé
par le plan incliné de la noix en arrière du cran ; l'aiguille fait saillie
en avant du dard ; la pièce d'arrêt est logée dans la rainure du départ ; le coude du chien est engagé dans la fente supérieure de la
boîte de culasse.

Dans cette position ménagée à dessein, le cylindre ne peut pas
tourner ; c'est-à-dire qu'on ne peut pas ouvrir le tonnerre ; il faut
préalablement dégager la pièce d'arrêt de la rainure de départ. On
ramène, à cet effet, le chien en arrière jusqu'à ce que le cran de la
noix ait dépassé la gâchette (fig. 52). Par ce mouvement, l'aiguille
rentre ; le chien étant maintenu dans cette position par la tête de
gâchette, on peut faire tourner le cylindre en agissant sur le levier,
et amener le renfort en face de la fente supérieure de la boîte. La
pièce d'arrêt s'engage alors dans le cran de l'armé, maintient le
ressort bandé et l'aiguille rentrée. Ramenant ensuite la culasse
mobile en arrière, on ouvre le tonnerre et on dégage l'échancrure
par laquelle on doit introduire la cartouche.

La fermeture s'opère par le mouvement inverse et avec la même sécurité.
On ne peut, en effet, pousser la culasse
mobile en avant, qu'autant que le coude
du chien est dans le prolongement du
renfort du cylindre ; dans cette position, la pièce d'arrêt est au cran de
l'armé, le ressort au bandé et l'aiguille
rentrée.

Lorsqu'on rabat le levier à droite
pour assurer la fermeture, la pièce
d'arrêt vient se placer en face de la
rainure du départ ; le ressort est maintenu au bandé par la tête de gâchette.

Si, dans cette position, on agit sur la
queue de détente, la goupille qui réunit
le corps de la détente à la tête du ressort-gâchette s'abaisse, la pièce carrée
qui arrêtait la noix rentre dans l'épaisseur de la boîte de culasse ; le chien
rendu libre cède à l'action du ressort,
et l'aiguille entraînée dans ce mouvement est lancée en avant jusqu'à ce
que le manchon vienne buter contre le
grain du cylindre.

3° MONTURE.

La monture (fig. 51) relie les pièces
de l'arme. Elle peut se diviser en trois
parties :

    1° *Le fût ;*
    2° *La poignée ;*
    3° *La crosse.*

Le fût contient le logement du canon
et de la boîte de culasse.

La poignée sert à saisir le fusil, soit
pour le tir, soit pour le maniement de
l'arme.

La crosse s'élargit pour répartir l'action du recul sur la surface de l'é-
paule, et pour servir de contre-poids
au canon.

Figure 82.

Les pièces de l'arme sont logées ou encastrées dans la monture. Les logements ou encastrements ont la forme des pièces logées ou encastrées èt portent les noms de ces pièces.

On a ainsi :

Le logement du canon (1) (fig. 82) ;

Le logement de la boîte de culasse (2), *son échancrure* (3) ;

Le logement du ressort-gâchette (4) ;

Le logement du tenon de recul (5) ;

Le logement de la queue de culasse (6) ;

Les logements des ressorts d'embouchoir et de grenadière (7 et 8) ;

L'encastrement de la sous-garde (9) ;

L'encastrement de l'embase du battant de crosse (10, fig. 83) ;

L'encastrement du devant de la plaque de couche (11) ;

Le canal de la baguette (12, fig. 82).

Plusieurs pièces traversent le bois ; les trous ménagés à cet effet portent le nom de la pièce qui lés remplit.

On a ainsi :

Le trou pour le passage de la détente (13, fig. 82) ;

Les trous des vis du pontet (14), *de la boîte de culasse* (15), *du battant de crosse* (16) *et de la plaque de couche* (17, fig. 83).

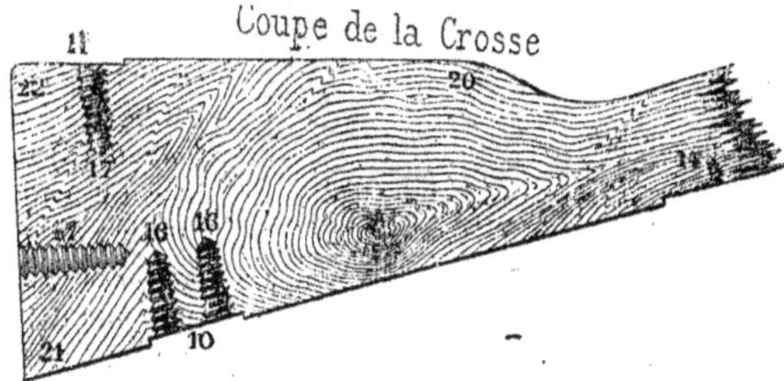

Figure 83.

Enfin les ressauts extérieurs et les angles en saillie, portent les noms suivants :

L'épaulement de l'embouchoir (18, fig. 82) ;

L'embase de la grenadière (19) ;

Le busc (20, fig. 83), qui raccorde la crosse à la poignée ;

Le bec de la crosse, du côté de la sous-garde (21) ;

Le talon du côté opposé (22) ;

4° GARNITURES.

La baguette (fig. 84) sert à laver le canon et à décharger l'arme. Elle porte : une *tête plate* (1), *un épaulement* (2) qui s'engage sous le rebord de l'embouchoir pour empêcher la baguette de sor-

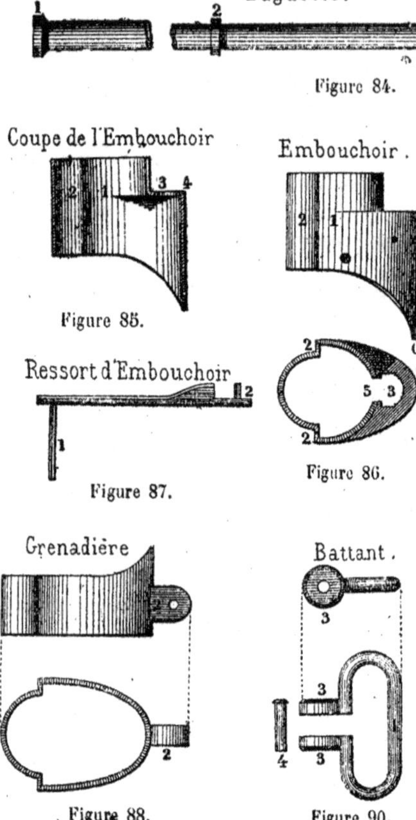

Baguette.

Figure 84.

Coupe de l'Embouchoir

Figure 85.

Embouchoir.

Figure 86.

Ressort d'Embouchoir

Figure 87.

Grenadière

Figure 88.

Battant.

Figure 90.

tir de son canal, et un *bout fileté* (3) sur lequel se visse le lavoir.

L'embouchoir (fig. 85 et 86) fixe le canon sur le bois près de la bouche et maintient la baguette dans son canal. *Le corps* (1) contourne exactement le canon et le bois ; *les coulisses* (2) portent sur les bords du fût ; *l'entonnoir* (3) forme l'entrée du canal de baguette ; *un rebord intérieur* (4) arrête l'épaulement de la baguette. Le corps a, en avant, une *échancrure* (5) pour le passage du tenon et du guidon ; il est terminé *en bec* (6) du côté opposé.

Le ressort d'embouchoir (fig. 87) maintient l'embouchoir sur le fût. Il porte, d'un côté, *une goupille* (1) pour le fixer au bois et du coté opposé, *un pivot* (2) qui s'engage dans l'embouchoir.

La grenadière (fig. 88) maintient le canon en son milieu et porte l'un des battants auxquels s'attache la bretelle. Elle est maintenue en place par le **ressort de grenadière** (fig. 89) fixé au bois en sens inverse du ressort d'embouchoir, mais par le même moyen; c'est-à-dire par une *goupille* faisant corps avec le ressort.

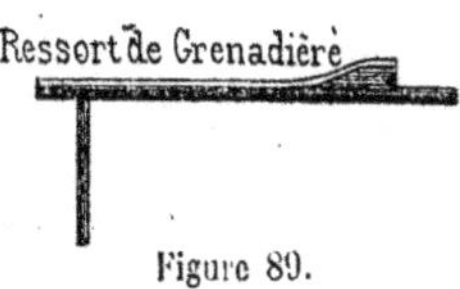

Figure 89.

Le battant (1) (*fig.* 90) est fixé sur le pivot (2) ménagé en avant de la grenadière, au moyen de deux *rosettes* (3) et d'un **rivet** (4) qui sert d'axe de rotation au battant.

LA SOUS-GARDE est la réunion du pontet et de la pièce de détente.

La pièce de détente (*fig.* 91) porte *la bouterolle* (1) servant d'écrou à la **vis de culasse** (*fig.* 92). Elle est percée d'un *trou rectangulaire* (2) qui limite les mouvements de la détente et empêche la dégradation du bois.

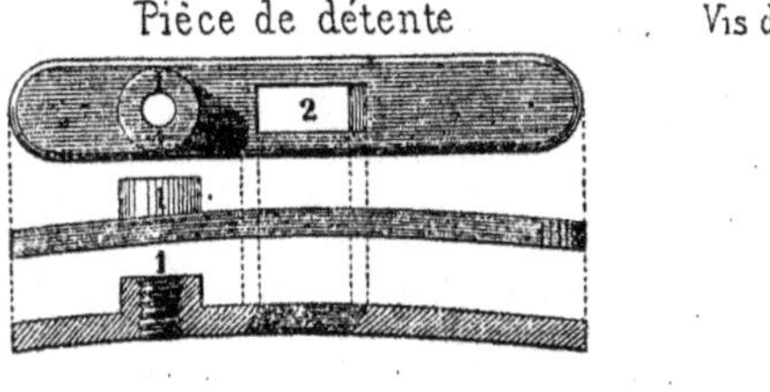

Figure 91.   Figure 92.

Le pontet (*fig.* 93) couvre la détente; il s'applique contre le bois par deux pattes que l'on nomme : la *feuille antérieure* (1) et la *feuille postérieure* (2); chacune d'elles est serrée dans son encastrement par une **vis à bois** (*fig.* 94).

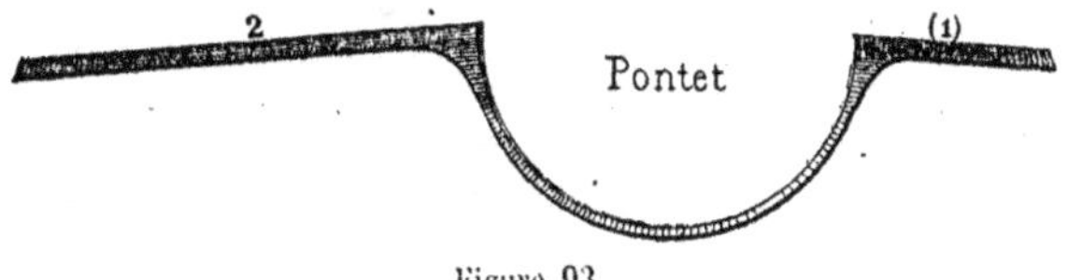

Figure 93.

Le battant de crosse, semblable au battant de grenadière, est fixé à son pivot de la même manière.

L'embase (1) qui porte le pivot (*fig.* 95) est encastrée dans la crosse et maintenue par deux **vis à bois** (*fig.* 96).

La plaque de couche (*fig.* 97) préserve l'extrémité de la crosse. Elle est recourbée à angle droit pour contourner le talon de la crosse qui pose à terre lorsqu'on met l'arme au pied. *Le devant de la plaque de couche* (1) est encastré dans la crosse et fixé par une **vis à bois.** *Le dessous*, simplement appliqué contre la monture, est serré par une deuxième **vis à bois** (*fig.* 98).

Les vis à bois ont une tête arrondie en goutte de suif. On doit les dévisser le moins possible, pour éviter de dégrader l'écrou.

Fig. 94.

Embase du battant de Crosse

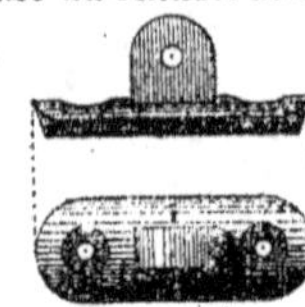

Figure 95.

Fig. 96.

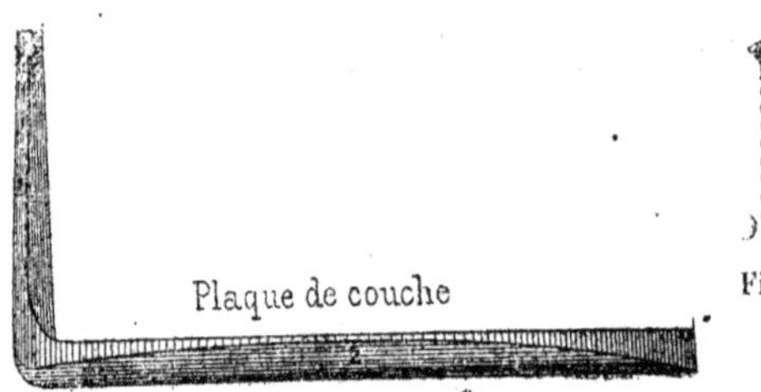

Plaque de couche

Fig. 98.

Figure 97.

5° SABRE-BAIONNETTE.

Le sabre-baïonnette, qui permet de transformer le fusil en arme de main, a une forte **lame** (*fig.* 107) à double courbure en forme de yatagan ; la *pointe* (1) est à *double tranchant ;* la lame est évidée, et, par conséquent, allégée par des *pans creux* (4) ; elle porte sur la monture par un *talon* (5) et y est fixée par une *soie* (6) et un *rivet*.

La MONTURE se compose de deux pièces principales : la poignée et la croisière.

La poignée à *cordons* (*fig.* 99) est reliée à la lame par la soie qui traverse la monture dans toute sa longueur et est rivée sur *le pommeau* (2) (*fig.* 100). La soie est en outre maintenue par un **rivet** transversal (*fig.* 101).

La poignée s'applique contre le canon au moyen de *deux rainures* (3 et 4) dans lesquelles se logent le tenon et la directrice du

canon; elle est fixée par une sorte de clavette logée transversale-
ment dans la poignée, et s'engageant sous le grand tenon du canon;
on la nomme *poussoir* (5 et 6) parce qu'elle se termine par un
bouton (5) qu'il faut pousser pour dégager le sabre-baïonnette.

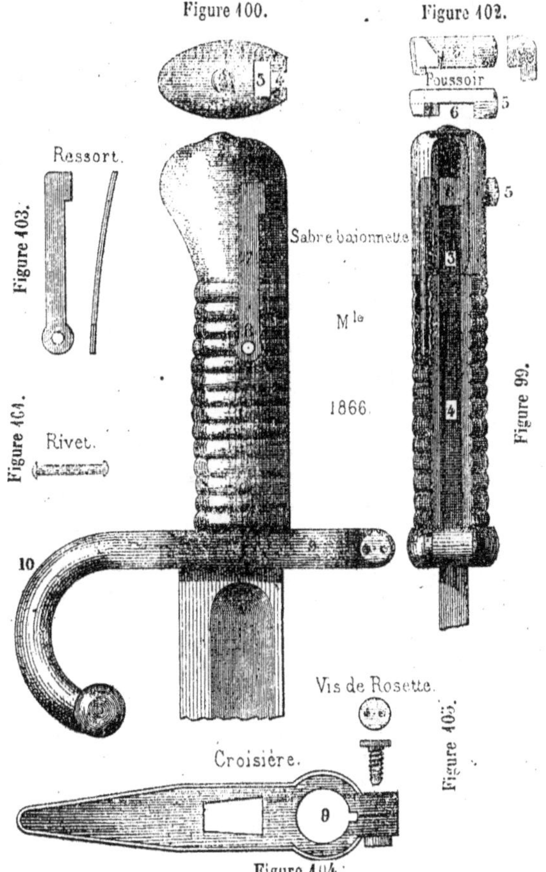

Le poussoir (*fig.* 102) a une *entaille* (6) pour le passage du
grand tenon, il est maintenu sous le tenon par un **ressort** (7)
(*fig.* 103) logé dans la poignée et fixé par un **rivet** (8).

La croisière (*fig.* 104) complète la monture.

Elle porte d'un côté une *douille* (9) composée de deux branches réunies par une **vis** (*fig.* 105); et, du côté opposé, un *quillon* (10) servant à former les faisceaux.

Le fourreau du sabre-baïonnette (*fig.* 106) est en *tôle d'acier* on y remarque extérieurement :

Un pontet (1) rivé sur le corps et servant à attacher le fourreau au porte-sabre (*fig.* 108). A l'entrée du fourreau, se trouve une **cuvette** (*fig.* 109) dont les *deux battes* (2) serrent la lame pour l'empêcher de se dégager du fourreau.

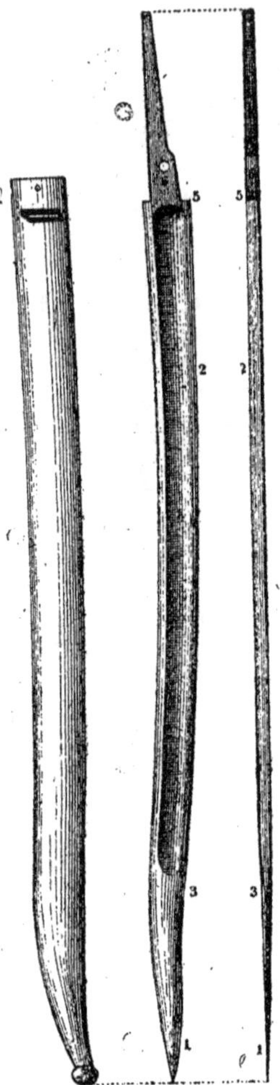

Figure 106.   Figure 407.

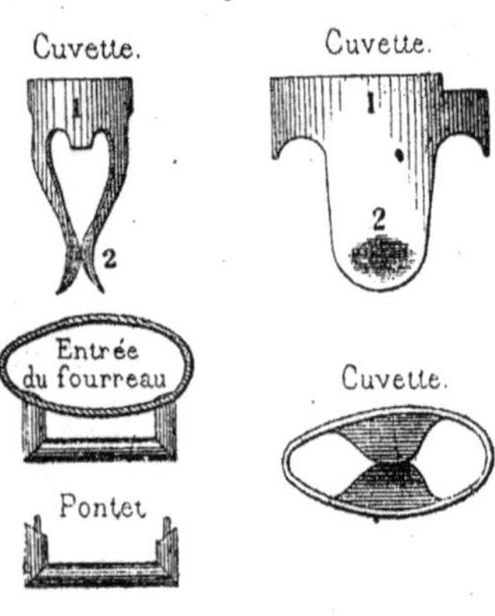

Figure 408.

§ III.

CARABINES DE CAVALERIE ET DE GENDARMERIE
ET MOUSQUETON MODÈLE 1866.

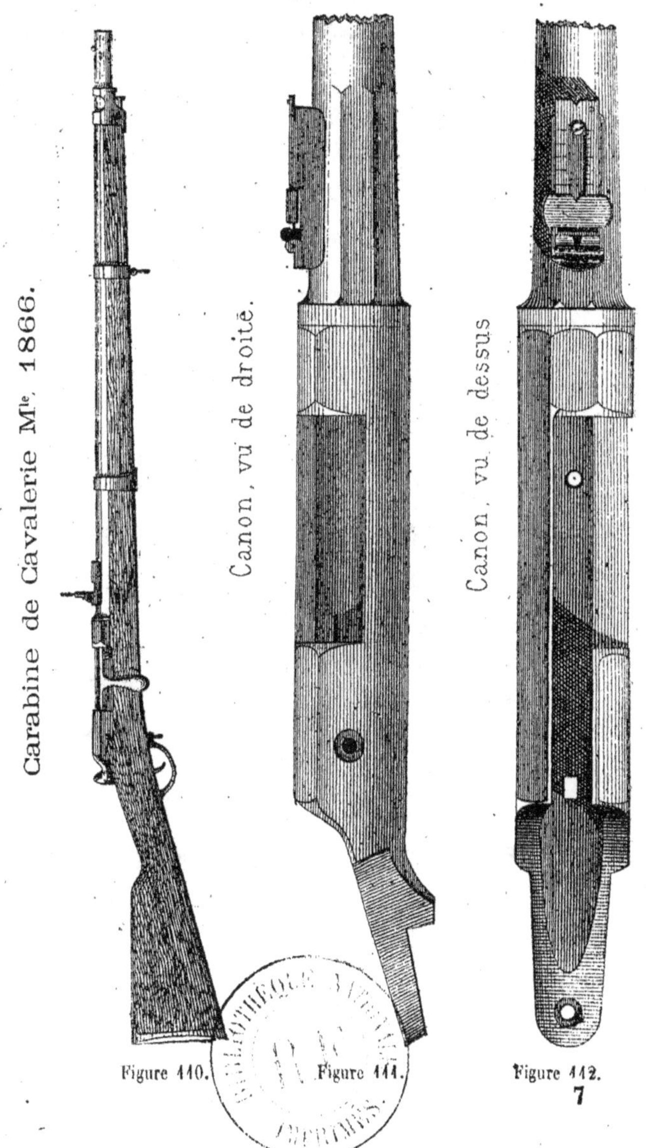

Figure 440.   Figure 441.   Figure 442.

7

L'établissement d'un modèle d'arme spécialement destiné à la cavalerie a fourni l'occasion de faire prévaloir ce principe que l'unité de munitions est une des premières conditions que l'on doit avoir en vue lorsqu'on adopte une arme nouvelle.

Il a donc été décidé que la carabine de cavalerie tirerait la cartouche d'infanterie.

Quoique le modèle adopté pour la cavalerie soit sensiblement plus léger que celui de l'infanterie (3 kil.,600 au lieu de 4 kil.,034) le recul n'est pas trop gênant, du moins pour les tireurs qui tiennent bien leur arme.

Le tir des deux armes est à peu près le même relativement à la justesse et à la tension de la trajectoire. Les différences qui caractérisent la carabine de cavalerie sont motivées par les deux modes du port de l'arme à cheval.

1° Le port à la botte.

2° Le port à la grenadière.

Le port à la botte a déterminé la modification du levier et de la hausse mobile.

Les angles saillants de la hausse coupent les pantalons. On a diminué les saillies, arrondi les pièces et enchâssé la planche entre deux rebords

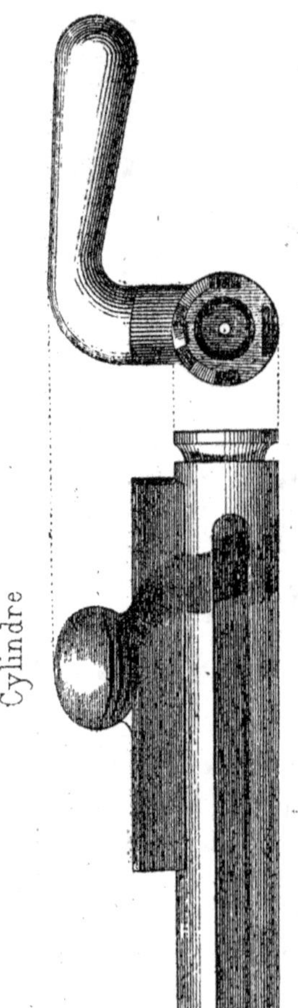

Figure 114.

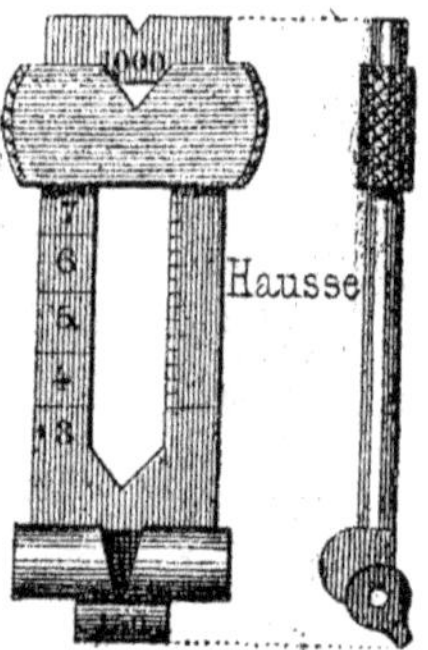

Figure 113.

ménagés sur le pied (*fig.* 111, 112 et 113).

Le levier droit du fusil d'infanterie serait gênant et même dangereux lorsque les chevaux se serrent dans les rangs. On a adopté un
levier coudé (*fig.* 114) qui s'applique contre la monture lorsque le
tonnerre est fermé.

La sous-garde (*fig.* 115) est d'une seule pièce. *La bouterolle*
encastrée dans la sous-garde est en acier.

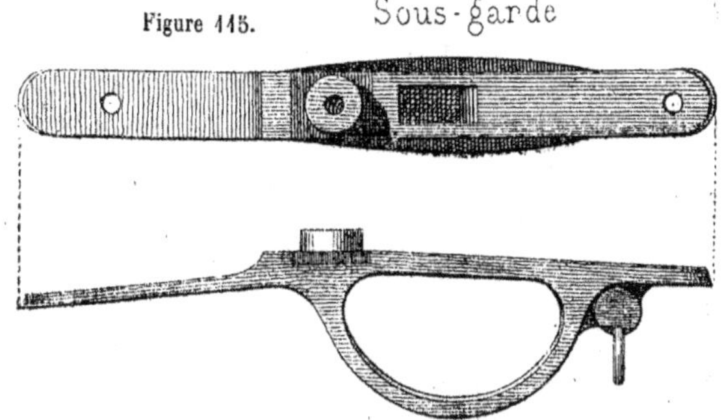

Figure 115.

Le port à la grenadière a nécessité le déplacement des attaches
de la bretelle. Si le pontet était entre les deux battants, comme
dans le fusil d'infanterie, il serait très-gênant le cheval marchant
au trot ou au galop. Le battant de crosse a été en conséquence porté
en avant du pontet et il est devenu battant de sous-garde (*fig.* 115).
Par suite de cette modification, on a dû fixer la sous-garde plus
solidement que dans le fusil modèle 1866 ; la vis à bois serrant le
nœud antérieur est remplacée par une vis qui a son écrou dans une
rosette encastrée dans le bois, sous le canon.

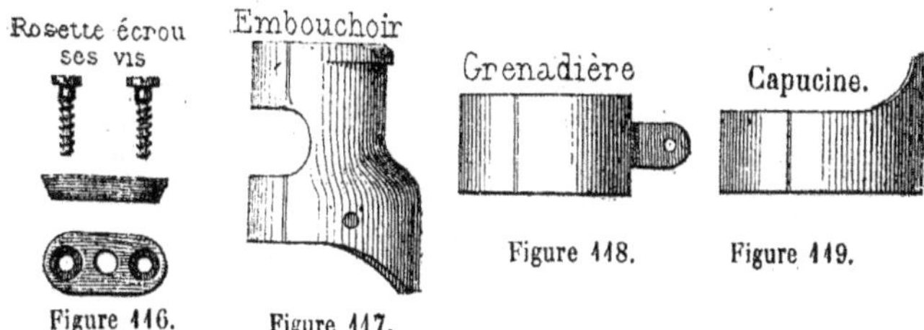

Figure 146.   Figure 147.   Figure 148.   Figure 149.

La rosette-écrou est elle-même fixée au bois par deux
petites vis (*fig.* 116).

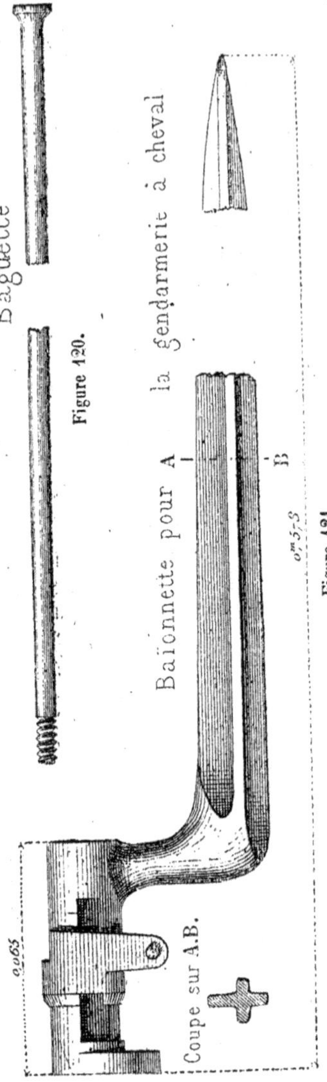

Le battant supérieur a dû être remonté pour occuper un emplacement intermédiaire à ceux qu'occupent les deux boucles du fusil d'infanterie. De là, la nécessité de trois attaches au lieu de deux :

L'embouchoir (*fig.* 117) ;

Le rebord de l'embouchoir formant arrêt de la baguette est extérieur.

La grenadière portant le battant (*fig.* 118);

La capucine (*fig.* 119).

La baguette, dont la tête est retenue par le rebord supérieur de l'embouchoir, n'a plus d'épaulement (*fig.* 120).

Conformément à un usage établi, la plaque de couche, la sous-garde, l'embouchoir, la grenadière et la capucine sont en laiton.

CARABINE AVEC BAIONNETTE
MODÈLE 1866.

La carabine de cavalerie, munie d'une baïonnette à douille et à lame quadrangulaire (*fig.* 121), a été donnée à la gendarmerie à cheval.

L'embase du guidon sert de tenon de baïonnette.

CARABINE DE GENDARMERIE ET MOUSQUETON
MODÈLE 1866.

Une décision ministérielle du 20 novembre 1872 a adopté :

1º Une *carabine de gendarmerie* modèle 1866 ;

2º Un *mousqueton* modèle 1866.

La carabine de gendarmerie modèle 1866 (*fig.* 122) est destinée aux hommes à pied de la gendarmerie ; elle ne diffère de la carabine modèle 1866, dont sont armés les gendarmes à cheval, qu'en ce qu'elle a un sabre-baïonnette modèle 1866 et que les points d'attache de la bretelle sont disposés pour le service à pied : ils consistent en un battant de crosse et en une grenadière à battant ; la capucine est supprimée.

Les boucles, du même modèle que celles du fusil d'infanterie, sont en laiton.

Le mousqueton modèle 1866 (*fig.* 123) est destiné aux hommes à pied de l'artillerie ; il est en tout semblable, sauf la longueur, à la carabine de gendarmerie.

Ces deux armes tirent la cartouche modèle 1866.

COMPARAISON DES QUATRE MODÈLES.

DÉSIGNATION de L'ARME.	POIDS				LONGUEURS		
	de l'arme sans baïonnette.	de la baïonnette sans le fourreau.	de l'arme avec la baïonnette non compris le fourreau	du fourreau de la baïonnette.	de l'arme sans baïonnette.	de la lame de la baïonnette.	de l'arme avec baïonnette.
	kil.	kil.	kil.	kil.	mèt.	mèt.	mèt.
Fusil d'infanterie.	4,034	0,655	4,685	0,355	1,305	0,573	1,878
Carabine de cavalerie. . . .	3,500	0,335	3,835	»	1,175	0,513	1,688
Carabine de gendarmerie. .	3,530	0,655	4,185	0,355	1,175	0,573	1,748
Mousqueton	3,200	0,655	3,855	0,355	0,990	0,573	1,563

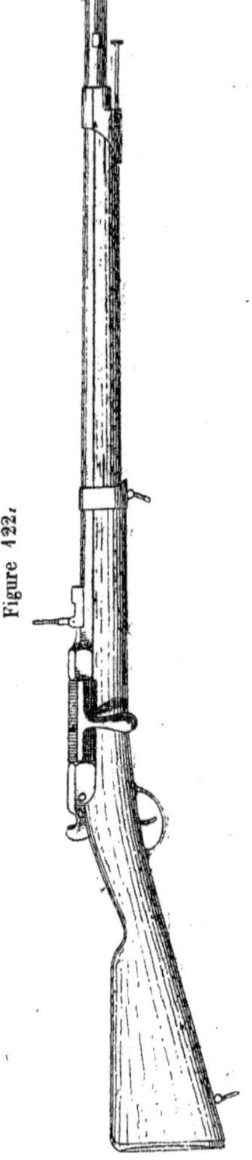

CARABINE DE GENDARMERIE.
Figure 122.

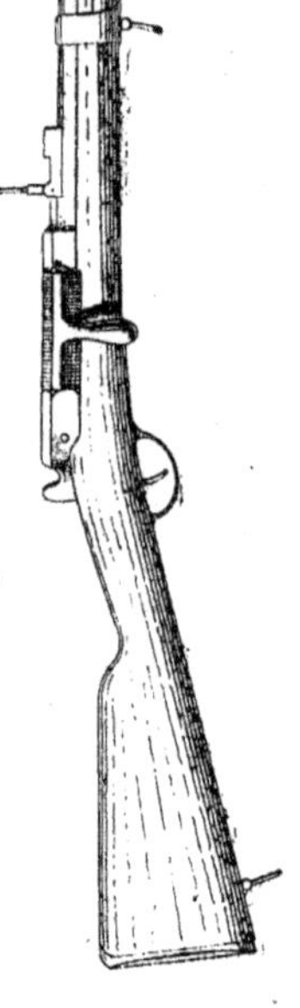

MOUSQUETON D'ARTILLERIE.
Figure 123.

§ IV.

ACCESSOIRES

ET PIÈCES DE RECHANGE.

1º *Accessoires.*

LE NÉCESSAIRE D'ARMES, dont chaque soldat est muni, se compose d'une **boîte** en *tôle de fer* (*fig.* 124), servant de manche de tourne-vis et contenant les ustensiles nécessaires à l'entretien de l'arme. *Le fond* (2), brasé sur *le corps* (1), est percé d'une *fente rectangulaire* dans laquelle on engage la lame du tourne-vis. Cette fente (6) se prolonge dans un **tampon** en *bois de cornouiller* (4) appliqué sur le fond.

La boîte est fermée par un **huilier** (*fig.* 125) qui est lui-même bouché par une **vis** (3). **Une rondelle en cuir** (1), serrée par *l'embase* (2) de la vis-bouchon, complète la fermeture (voir également *fig.* 126).

Dans la boîte on renferme :

1º **Une lame de tourne-vis** (*fig.* 127) dont les bouts ont des dimensions différentes; *le bout* le plus large (1) sert pour les grandes vis, le plus étroit (2) pour les petites vis;

2º **Une clef** (*fig.* 128), pour dévisser et revisser la vis-bouchon du cylindre;

3º **Une spatule-curette** (*fig.* 129), servant à nettoyer l'intérieur de la tête mobile;

3º **Un lavoir** (*fig.* 130), percé d'un *trou taraudé* (1) qui sert à le fixer au bout de la baguette, et d'une *fente* (2) dans laquelle on engage un chiffon pour laver l'arme et pour essuyer ou graisser l'intérieur du canon. Les quatre objets

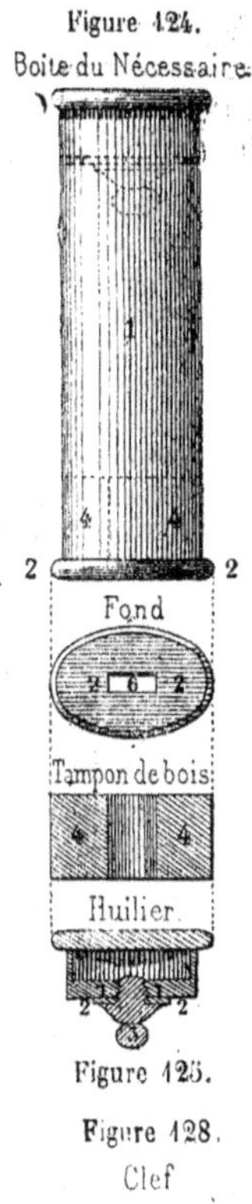

précédents sont réunis dans une **trousse en drap** (*fig.* 131).

Une grande curette (*fig.* 132) est, en outre, donnée à chaque chef d'escouade ; c'est une lame terminée à chacune de ses extrémités par deux arêtes taillées à biseaux contraires ; le *grand bout* (1) sert à nettoyer le logement du ressort, et le *petit bout* (2) le logement de la tête mobile.

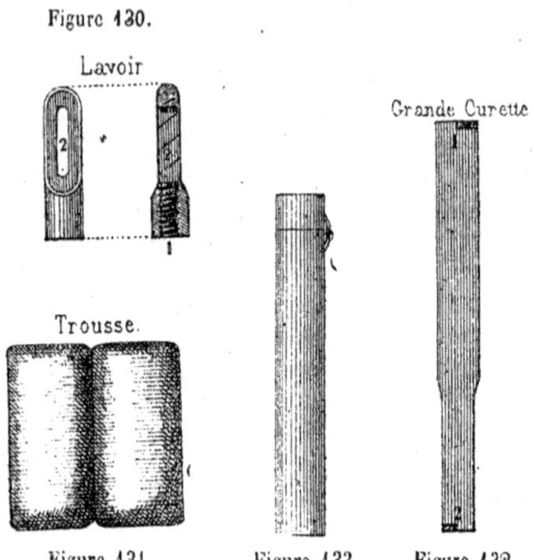

2o Pièces de rechange.

Chaque soldat est muni de trois pièces de rechange :

    1o Une rondelle en caoutchouc ;

    2o Un ressort à boudin ;

    3o Une aiguille.

Les deux dernières pièces sont logées dans un étui de fer-blanc (*fig.* 133).

Il est donné, en outre, un certain nombre de têtes mobiles par escouade.

§ V.

RENSEIGNEMENTS ET OBSERVATIONS.

Dégradations pouvant gêner ou arrêter la marche du mécanisme.

Par suite du frottement des pièces mobiles sur les pièces fixes, il se produit quelquefois des bavures qui gênent momentanément la marche des pièces. Un coup de lime suffit pour remettre l'arme en état. Ces bavures se trouvent ordinairement, soit à l'extrémité de la fente latérale, soit aux crans du cylindre, soit sur la pièce d'arrêt, soit sur le carré de la vis-bouchon, soit enfin, sur le bourrelet de la tête mobile.

Le jeu du mécanisme peut encore être enrayé par la tête carrée de la gâchette, la vis-arrêtoir du cylindre, ou la vis-arrêtoir de la tête mobile, lorsque ces pièces ont une trop grande longueur.

Ces défauts s'accusent par des grippements et se réparent en ramenant les pièces à la longueur voulue.

Principales causes de ratés.

Une chambre trop longue, une cartouche trop courte, une rondelle de carton trop étroite ou trop molle, peuvent amener des ratés, surtout au premier coup.

On peut attribuer la presque totalité des ratés de premier coup à l'insuffisance de l'arrêt fourni par la rondelle de carton de l'étui à poudre; ils se produisent surtout lorsque la chambre est huilée ou graissée.

Avant chaque tir et chaque jour en campagne, il faut s'assurer que la chambre est parfaitement sèche; il vaudrait mieux, pour la sûreté du départ, qu'elle fût encrassée que graissée.

On peut d'ailleurs éviter les ratés de premier coup en coiffant de papier la première cartouche.

L'aiguille peut être émoussée, faussée ou trop courte; le ressort à boudin, trop faible; la chambre à crasse, obstruée.

Toutes ces causes peuvent produire des ratés. Mais si l'on passe la visite des armes avant le tir, on reconnaîtra l'existence de ces défauts et l'on préviendra les ratés, soit en changeant les pièces, soit en les mettant en bon état de service.

Départs accidentels.

Les départs accidentels pendant le chargement se produisent ordinairement par suite de la rupture de l'aiguille ou de la goupille qui réunit le chien à la tige porte-aiguille. Quelle qu'en soit la cause, il est facile de s'en apercevoir, car la pointe de l'aiguille reste en saillie en avant du dard au moment où l'on ouvre le tonnerre pour charger. Il suffit donc, pour éviter les accidents, de s'assurer que l'aiguille est rentrée, soit en regardant le dard de la tête mobile lorsqu'on met la cartouche, soit en touchant l'extrémité de la pièce avec l'index de la main droite.

On conçoit cependant que l'on puisse déterminer le départ prématuré de l'amorce en frappant à coups redoublés une cartouche qui ne peut pas entrer dans la chambre. Si donc il se présente une difficulté de chargement sérieuse, il est prudent de décharger l'arme à l'aide de la baguette et de débarrasser la chambre avant de remettre la cartouche.

Quant aux départs accidentels pendant le déchargement, ils sont toujours le résultat d'une maladresse; c'est-à-dire qu'ils ne peuvent se produire que lorsqu'on pousse la cartouche, avec la baguette, sur l'aiguille non rentrée.

Observations.

Avec un peu d'habitude, on peut tirer 10 coups à la minute; on tire aisément 5 ou 6 coups, en prenant tout le temps nécessaire pour bien viser; un tireur très exercé arrive à tirer 15 coups à la minute.

Le mécanisme s'encrasse par le tir, mais cet encrassement n'arrête pas ordinairement le fonctionnement de l'arme, même lorsqu'on reste plusieurs jours sans nettoyer le mécanisme.

Le fusil modèle 1866 donne lieu à des ratés de premier coup trop nombreux; ils peuvent s'élever à 10 pour 100; c'est le défaut le plus sérieux du système. Le premier coup tiré, les ratés sont très-rares.

La tension de la trajectoire, la justesse de tir, la portée et la pénétration sont dans de très-bonnes conditions.

La balle, du poids de 24 gr.,50, est lancée avec une charge de poudre de 5 gr.,50, elle a une hauteur de 25 millimètres pour un calibre de 11^{mm}, sa vitesse initiale de translation est de 410 mètres, et sa vitesse initiale de rotation de 745 tours par seconde. On s'est donc beaucoup rapproché, dans l'établissement du fusil modèle 1866, des conditions jugées les meilleures.

TROISIÈME PARTIE

PRATIQUE DU TIR

OBSERVATIONS PRÉLIMINAIRES.

Abstraction faite du nombre des combattants et des positions qu'ils occupent, l'effet utile de la mousqueterie dépend de la *précision du tir* et de *sa vitesse*. Or ces deux conditions tiennent à la fois aux qualités de l'arme et à celles du soldat.

Dans un temps plus ou moins court, l'équilibre s'établira dans l'armement de toutes les puissances ; c'est-à-dire que toutes auront des engins d'une valeur à peu près égale. L'avantage restera alors sur le champ de bataille à la troupe qui saura le mieux utiliser la puissance de ses armes.

L'instruction est un élément de supériorité d'une importance d'autant plus grande, que les armes ont plus de puissance et plus de précision.

CHAPITRE Ier

MÉTHODE D'INSTRUCTION.

Le tir est un *exercice gymnastique* dans lequel les hommes même médiocrement doués par leur constitution physique parviennent cependant à réussir à force d'habitude.

Tirer un coup de fusil, c'est réunir dans une seule opération instantanée, trois actions distinctes, savoir :

1º *Diriger l'arme ;*
2º *La maintenir en direction ;*
3º *Agir sur la détente pour faire partir le coup.*

Ces trois opérations doivent être enseignées successivement de manière à apprendre à chaque homme tout ce qu'il doit faire pour bien tirer, avant de lui faire brûler une seule cartouche.

L'expérience indique que c'est le moyen le plus sûr comme le plus prompt de rompre les organes à la pratique d'un exercice gymnastique quelconque.

Marche à suivre dans l'instruction.

On apprend aux hommes à pointer, en faisant reposer l'arme sur un chevalet, et en supprimant, par conséquent, toute difficulté provenant de la position à prendre, soit debout, soit à genou.

On enseigne la position, en la décomposant en plusieurs mouvements et en supprimant tout ce qui est relatif à la direction et au maintien de l'arme.

Le soldat sachant viser d'une part, de l'autre prendre la position debout ou à genou, on l'exerce à conserver ces positions tout en visant.

On lui montre ensuite à agir sur la détente pour faire partir le coup.

Lorsqu'il sait viser en gardant la position et lorsqu'il sait agir sur la détente, on lui apprend à faire partir le coup sans déranger le pointage, c'est-à-dire à réunir les trois opérations en une seule.

Un homme instruit par ces procédés peut être mené devant la cible; il sait ce qu'il faut faire pour bien tirer; il ne lui reste plus qu'à l'appliquer; et il le fera d'autant plus vite et plus facilement que son instruction préparatoire sera plus complète.

PROGRESSION DES EXERCICES PRÉPARATOIRES DE TIR.

Pointage sur chevalet.

1° Prendre la ligne de mire (*ligne de mire de 200 mètres*);

2° Viser un point marqué (*ligne de mire de 200 mètres*);

3° Règles de tir et pointage avec les lignes de mire fixes (*ligne de mire de 200, 300, 400 et 500 mètres*);

4° Lecture des graduations de la planche et pointage avec le cran de mire du curseur (*lignes de mire de 500 à 1000 mètres et usage de la graduation en millimètres*);

5° Viser un point désigné et non marqué ou corrections de pointage (*lignes de mire de 200 mètres*);

6° Démonstration du rôle de la hausse.

Position du tireur debout et mouvement de joue.

1° Position du tireur debout (position du corps);
2° Placement de l'arme à l'épaule;
3° Mouvement de joue, l'intructeur soutenant l'épaule;
4° Mouvement de joue, le tireur prenant la ligne de mire de 200 mètres et l'instructeur ne soutenant plus l'épaule;
5° Mouvement de joue, le tireur prenant successivement les lignes de mire fixes;
6° Mouvement de joue, le tireur prenant les lignes de mire de 500 à 1200 mètres.

Viser dans la position debout.

1° Viser avec la ligne de mire de 200 mètres : 1° un point désigné, 2° l'œil de l'instructeur;
2° Même exercice avec les lignes de mire fixes en appliquant les règles de tir;
3° Viser un point et, s'il est possible, le noir d'une cible placée à grande distance avec les lignes de mire de 500 à 1200 mètres.

Position à genou et mouvement de joue.

1° Position du tireur à genou (position du corps);
2° Mouvement de joue, l'instructeur soutenant l'épaule;
4°-5°-6° Répétition de ce qui est prescrit (4°-5°-6°) pour la position debout.

Viser dans la position à genou.

Répétition de ce qui est prescrit pour la position debout.

Position du tireur couché et pointage dans cette position.

1° Position du tireur couché et mouvement de joue;
2° Viser dans cette position avec toutes les lignes de mire.

Tir à volonté.

1° Action du doigt sur la détente dans la position du 5ᵉ temps de la charge;
2° Tir à volonté dans la position debout, avec la ligne de mire de 200 mètres, en visant : 1° un point, 2° l'œil de l'instructeur;
3° Mêmes exercices avec les lignes de mire fixes;

4° Tir à volonté sur un point, ou mieux, sur une cible placée à grande distance, avec les lignes de mire de 500 à 1200 mètres;

5° Mêmes exercices dans la position à genou (sauf le premier) ;

6° Mêmes exercices dans la position couché (sauf le premier).

Tir à commandement.

Répétition des exercices précédents (sauf le premier).

Feux d'ensemble.

1° Réunion de 6 à 8 hommes pour l'exécution des feux à volonté et à commandement. L'instructeur insiste particulièrement sur les feux exécutés avec la ligne de mire de 200 mètres pour les feux à volonté, et avec la ligne de mire de 600 mètres pour les feux à commandement, chaque tireur visant l'œil d'un homme placé devant lui;

2° Feux d'ensemble par peloton, avec désignation du point à viser si ce point est assez éloigné pour que les armes restent sensiblement parallèles; des points à viser pour chaque file ou chaque groupe de 4 files, si ces points sont trop rapprochés.

EXERCICES PRÉPARATOIRES.

Pointage sur chevalet.

(École du soldat, 2° partie, Article 5, 1er et 2° exercice préparatoire.)

L'arme est placée sur un chevalet ou sur un sac à terre.

L'instructeur dirige la ligne de mire de 200 mètres sur un rond noir dont le diamètre est à peu près égal au 1/1000 de la distance comprise entre le but à viser et le chevalet de pointage, soit un centimètre de diamètre pour une distance de dix mètres.

La première leçon de pointage consiste à faire connaître aux hommes les signes auxquels on reconnaît qu'une arme est correctement pointée.

L'instructeur explique qu'on doit d'abord s'assurer que la hausse et le guidon ne penchent ni à droite ni à gauche.

L'instructeur montre ensuite la position qu'il faut prendre pour observer, établir ou vérifier le pointage : *La joue à hauteur du busc sans toucher la monture; l'œil droit sur le prolongement de la ligne de mire, à la même distance de la hausse que dans la position de joue.*

Pour que les hommes fassent des observations profitables, l'instructeur leur explique préalablement comment ils doivent voir le guidon et le point à viser par rapport au cran de la hausse : Le sommet du guidon doit apparaître, en même temps, dans le

milieu du cran de mire, et sous le cercle noir, comme l'indique la
figure 134.

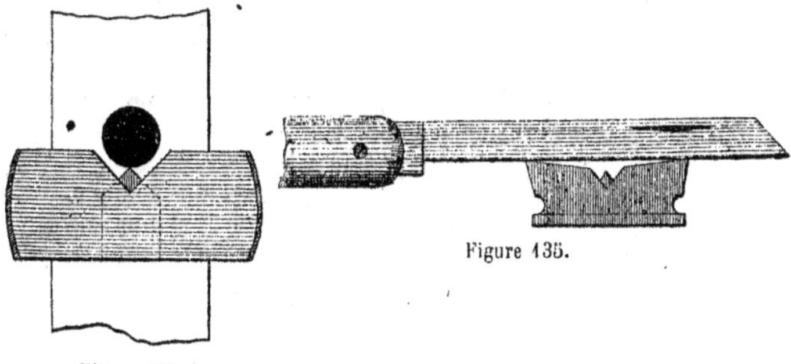

Figure 135.

Figure 134.

L'instructeur explique ensuite que pour trouver cette apparence,
il faut procéder par ordre et qu'il faut tout d'abord placer son œil
sur le prolongement de la ligne de mire, en arrière de la hausse ;
c'est ce qu'on appelle *prendre la ligne de mire*.

Pour faciliter cette première opération, l'instructeur place une
lame de couteau ou de canif sur l'encoche de la hausse, et prescrit
au n° 1 de regarder le guidon par le trou triangulaire ainsi déterminé ; il lui explique que l'œil est bien placé pour le pointage,
lorsque le sommet du guidon apparaît au milieu du trou (*fig.* 135).
L'œil du pointeur étant ainsi correctement placé et restant lié à la
ligne de mire, l'instructeur soulève la lame du canif et fait remarquer l'apparence qu'offre le guidon lorsque le cran de mire n'est
plus recouvert et ajoute que pour pointer, il faut tout d'abord
chercher à placer son œil de manière à retrouver cette même apparence du guidon dans le cran de mire.

L'instructeur ayant ainsi arrêté l'attention de l'homme sur la
hausse et sur le guidon, lui enseigne à prolonger la ligne de mire,
c'est-à-dire à préciser le point de la cible où l'on aperçoit le sommet
du guidon ; il faut que, l'arme étant bien pointée, *le guidon affleure
le bas du noir*.

L'instructeur, après avoir terminé avec le n° 1, prescrit aux hommes
de se placer, l'un après l'autre, dans la même position, en ayant
soin de ne pas déranger l'arme, de prendre la ligne de mire, d'en
suivre le prolongement et de bien remarquer que le sommet du
guidon touche le bas du noir sans entrer dans le cercle.

Cela fait, l'instructeur dérange l'arme et fait pointer successivement tous les hommes de la classe. Il vérifie le pointage de chacun et rectifie, s'il y a lieu, les erreurs commises de la manière suivante :

Toute erreur provenant de ce que la ligne de mire est mal prise, l'instructeur force le soldat à la prendre régulièrement, en replaçant l'écran au-dessus de l'encoche. Cela fait, l'instructeur ayant averti le pointeur de rester en position, retire l'écran et fait remarquer le point où aboutit la ligne de mire ainsi prise. Lorsque le soldat a constaté que son premier pointage était mauvais, il recommence l'opération jusqu'à ce qu'il soit parvenu à pointer correctement.

On se conformera, d'ailleurs, pour les exercices du pointage, aux prescriptions du règlement sur les manœuvres de l'infanterie (Ecole du soldat, 2ᵉ partie, art. 5, 2ᵉ exercice préparatoire).

Observations. — Il n'est pas rare de rencontrer, même parmi les hommes qui ont l'habitude des armes à feu, des tireurs qui ne savent pas prendre la ligne de mire. L'instructeur insiste d'autant plus sur cette difficulté que tous les tireurs croient pointer régulièrement. Quelques-uns, cependant, sont dupes d'une apparence ; ils ne se servent en réalité que du guidon pour diriger l'arme, et se figurent qu'ils visent par le cran de mire parce qu'ils voient en même temps la hausse et le guidon.

On dirige la ligne de mire de manière que le sommet du guidon *affleure le bas du noir* afin que, dans le tir à bras francs, le bout du canon ne vienne pas masquer le noir, par suite des mouvements inévitables de l'arme pendant le pointage.

La difficulté du pointage augmente beaucoup avec la distance. Cela vient de ce que l'attention du tireur est partagée entre la ligne de mire et l'objet sur lequel il faut la diriger. Lorsque cet objet est très-éloigné, l'œil fait effort pour le discerner et, généralement, il quitte le fond du cran, faute d'être assez exercé pour faire les deux choses à la fois. Aussi, est-il essentiel de faire des séances de pointage avec des cibles placées à de grandes distances.

Corrections de pointage.

L'étude des causes de déviation des projectiles a démontré qu'il est fort rare qu'on puisse viser directement le point que l'on veut atteindre, de sorte que la correction de pointage est la règle et non pas l'exception, comme on se le figure trop souvent. Si, à 500 mètres par exemple, les coups s'éparpillent indifféremment dans tous les sens, il est inutile et d'ailleurs impossible de déterminer le point à viser pour mieux faire ; mais si le tir se groupe avec régularité autour d'un écart central, la détermination du point à viser devient du plus haut intérêt. Il faut donc faire comprendre au soldat qu'il ne suffit pas de savoir diriger la ligne de mire sur le noir de la cible, mais qu'on doit s'exercer en outre à *corriger le tir.*

A cet effet, on place sur une cible une mouche qui représente le point où une balle vient de toucher, et on exerce les tireurs à pointer l'arme de manière à ramener le coup suivant sur le noir de la cible, en supposant que le deuxième coup porte de la même manière que le premier. Ainsi, si la mouche est placée en A (*fig.* 152), l'arme bien pointée devra être dirigée sur le point B, DB étant égal à AF et sur son prolongement.

Les soldats ont trop peu de balles à tirer à chaque exercice de tir, pour qu'on laisse à chacun d'eux le soin de corriger le pointage suivant les circonstances atmosphériques du moment. Les corrections sont déterminées avant chaque séance par l'officier instructeur, qui indique aux compagnies la hausse à employer et la direction à donner à la ligne de mire. Ces indications ne seront jamais exprimées en longueurs métriques; on les formulera de la manière suivante :

Visez le coin supérieur gauche de la cible ;
Visez entre le noir et le bord gauche de la cible ;
Visez le bord droit de la cible à hauteur du noir ;
Visez en dehors, à gauche de la valeur d'une demi-cible, etc.

Pour que les soldats puissent profiter de ces indications, il faut leur enseigner à faire des corrections de ce genre, en les faisant pointer sur chevalet.

Les indications générales données pour corriger le tir ne sont rigoureusement exactes que pour les armes qui portent juste ; c'est-à-dire comme l'arme choisie dont s'est servi l'officier instructeur. Chaque tireur doit les appliquer en tenant compte des déviations particulières à son arme (qu'il est, pour ce motif, très-important de connaître); ainsi, un homme qui sait que son fusil porte ordinairement à 0ᵐ,50 à gauche, à la distance de 200 mètres, lorsque le temps est calme, visera le noir lorsqu'on prescrira aux autres de viser le bord gauche de la cible pour corriger une déviation de 0ᵐ,50 provenant d'un vent de gauche par exemple.

En campagne, les corrections doivent être indiquées et appliquées en prenant des points de repère sur le terrain, dans le voisinage du but à atteindre.

Les tirs d'instruction ne peuvent donner de bons résultats qu'autant que les indications données pour le pointage ont été bien déterminées et sont bien appliquées. Si, dans un tir à grande distance, il est impossible d'observer les coups à cause du temps ou de la nature du terrain, l'officier de tir doit convenir de certains signaux avec les observateurs de façon à se faire renseigner sur la manière dont portent les coups. Il rectifie, en conséquence, les premières indications données.

Nota.—Augmenter la hausse en prenant trop de guidon, la diminuer en n'en prenant pas assez, faire porter le coup à droite en penchant l'arme à droite, à gauche en la penchant à gauche : ce sont des procédés qui sont théoriquement vrais, mais qui n'ont de valeur pratique que pour des tireurs hors ligne; on ne doit jamais les conseiller aux soldats.

Les armes de précision sont munies d'appareils de pointage permettant de régler le tir à toute distance et en toute circonstance, de façon à viser directement le but à atteindre. A cet effet, le cran de mire ou le guidon peuvent être déplacés dans le sens latéral au moyen d'une vis de rappel. Cette manière de faire comporte une plus grande précision que la correction au jugé. On n'a pu songer encore à l'adopter pour les armes de guerre, parce que les appareils de pointage présentés jusqu'à ce jour sont coûteux, compliqués et délicats.

Démonstration du rôle de la hausse.

On peut démontrer pratiquement que la hausse sert à mesurer l'inclinaison qu'il faut donner à la ligne de tir suivant l'éloignement du but, et que la ligne de mire doit être située dans le même plan que la ligne de tir.

L'instructeur enlève la culasse mobile et place à la bouche du canon un petit cylindre creux (en fer-blanc ou en carton) portant à l'une de ses extrémités deux fils en croix; puis, démontant la tête mobile, il l'engage à l'entrée de la boîte de culasse, la rondelle sur la tête de gâchette, le dard tourné vers la crosse, l'observateur plaçant son œil le plus près possible du trou antérieur du dard.

Le fusil est placé sur le chevalet de pointage à 10 mètres du noir.

L'instructeur dirige la ligne de mire de 500 mètres sur un pain à cacheter; puis, sans déranger l'arme, il vise par la tête mobile et l'intersection des fils du cylindre, détermine ainsi la ligne de tir et fait marquer le point où elle aboutit sur le mur; il fait constater à chaque pointeur que la ligne de tir aboutit au-dessus de la ligne de mire. Cette opération, répétée avec différentes lignes de mire prises indistinctement, fait voir que l'écart entre les deux lignes augmente avec la hauteur de la hausse (1).

(1) On pourra, à la rigueur, se dispenser de placer la tête mobile et le cylindre porte-fils; il suffira de regarder par le milieu de l'âme et de faire

On a déjà expliqué (1re partie, pages 15 et 16) comment, par un moyen analogue, on rendait sensibles les erreurs de pointage résultant de ce que la hausse ou le guidon penchent à droite ou à gauche.

Position debout.

(École du soldat, II° partie, art. iv, 229, 230, 231 et art. v, de 242 à 246.)

Tous les détails de la position du tireur debout ont leur raison d'être.

L'homme *se fend en arrière et sur la droite*, afin de résister au recul et d'avancer l'épaule qui sert d'appui à la crosse.

La main droite *embrasse fortement la poignée*, parce qu'en serrant l'arme, on assure l'indépendance de l'index. Faute de cette précaution, le mouvement du 1er doigt se transmet à la main et à l'épaule quand on fait partir le coup.

Le coude droit est élevé, pour faciliter le mouvement de l'épaule qui amène la ligne de mire à hauteur de l'œil.

La main gauche soutient l'arme par son centre de gravité, parce que cette position est à la fois la plus commode pour le tir et pour la charge.

Les deux mains exercent une traction continue vers l'épaule, parce que l'on diminue ainsi l'incommodité du recul, en même temps qu'on maintient l'arme plus solidement.

Pour viser, il faut : ou bien, baisser la tête pour aller chercher la ligne de mire ; ou bien, *amener la ligne de mire à hauteur de l'œil* par un mouvement d'épaule, en tenant la tête droite.

En employant le premier moyen, le nez se place sur la poignée et contre le pouce de la main droite. Dans cette position, le recul est incommode ; la principale préoccupation du tireur consiste à se garer de ses effets ; il détourne la tête avant d'agir sur la détente et l'arme n'est plus pointée au moment du tir. C'est pour éviter cet inconvénient qu'on a adopté le second moyen.

L'épaule a deux mouvements à faire :

1o Un léger mouvement en avant pour arrêter la crosse et l'empêcher de glisser jusqu'au bras ;

2o Un mouvement de bas en haut pour amener la ligne de mire à hauteur de l'œil.

placer, aussi approximativement que possible, le deuxième pain à cacheter sur le centre du cercle que détermine la projection de la bouche du canon sur le mur ou sur la cible.

Ces deux mouvements simultanés ne sont pas faciles à obtenir dans le principe, parce que les muscles n'en ont pas l'habitude. On doit éviter avec le plus grand soin toute exagération et obtenir que ces mouvements ne soient plus apparents lorsque le tireur a acquis de la souplesse.

Le mouvement de l'épaule ne doit jamais entraîner celui du corps; quand l'homme est en joue, la ligne de ses épaules doit être parallèle à celle de ses talons; c'est-à-dire qu'il ne doit pas tordre les reins pour faire face au but.

Placement de l'arme à l'épaule par l'instructeur.

(École du soldat, IIe partie, art. v, 3e exercice préparatoire.)

Le troisième exercice préparatoire doit être fait avec précision. *L'instructeur se met en avant du soldat et sur sa droite, la pointe du pied gauche touchant presque celle du pied droit de l'homme qu'il instruit, de façon à ne pas gêner ses mouvements; il lui place l'arme à l'épaule en appliquant strictement les prescriptions de la théorie.*

Quand on se sert de la ligne de mire de 200 mètres, le talon de la crosse peut, sans inconvénient, déborder un peu la partie la plus élevée de l'épaule, mais il ne doit jamais rester en dessous.

La couture de la manche, qui a été prise pour repère, n'est pas une ligne fixe; dès que le soldat lève le bras pour saisir l'arme à la poignée, le haut de la couture se déplace pour se rapprocher du collet de l'habit et peut venir se placer derrière le talon de la crosse. Ce n'est donc pas lorsque le soldat est en joue, mais bien lorsque le bras droit pend naturellement, que la couture de la manche doit être à 2 centimètres du tranchant extérieur de la crosse.

[Pointage à bras francs.

Cette opération est la réunion des deux actions précédentes. L'instructeur enseigne aux soldats à *maintenir toujours la ligne de mire au-dessous du but,* afin de ne pas s'exposer à perdre le point visé, pendant qu'ils cherchent à saisir l'instant favorable pour faire partir le coup; il vérifie souvent le pointage en faisant viser son œil droit.

Si la tête du tireur reste droite pendant qu'il pointe, la hauteur de la hausse variant avec la distance, il faut que la crosse soit élevée ou abaissée suivant l'éloignement du but; ainsi, aux premières distances, l'homme élèvera l'épaule pour amener la ligne de mire à hauteur de l'œil, mais il l'élèvera de moins en moins à mesure que la hausse augmentera. Il est une hauteur de hausse (600 mètres environ), pour laquelle l'épaule revient à sa position naturelle. Pour viser avec les hausses supérieures, on est obligé de baisser la crosse pour ne pas avoir à lever la tête en tendant le cou.

On habituera le soldat à faire mouvoir l'arme dans tous les sens, l'œil restant toujours lié à la ligne de mire et déterminant à chaque instant le point où cette ligne aboutit sur la cible, sur le mur ou sur les objets placés en avant du tireur.

Position à genou.

(École du soldat, IIe partie, art. ɪᴠ, 233, 234, 235, 236 et art. ᴠ, de 270 à 276.)

Tous les hommes ne peuvent pas prendre la position à genou de la même manière et par les mêmes moyens, car il n'existe pas chez tous, le même rapport entre la longueur du buste et celle du bras et de la jambe gauches qui servent de support à l'arme. Il n'y a qu'à examiner dix hommes pris au hasard pour le reconnaître.

L'instructeur, tout en tenant compte de la conformation, exige :

1° Qu'au premier mouvement, le pied droit fasse un angle d'environ 50° avec le pied gauche; c'est-à-dire qu'il soit placé dans la direction que doit prendre la jambe droite;

2° Qu'au 2° mouvement, le corps repose bien sur la jambe droite, la jambe gauche ne devant soutenir que le poids de l'arme;

3° Qu'au 3° mouvement, la crosse soit placée à l'épaule comme dans la position debout; c'est pour y arriver plus facilement qu'on fait porter le genou droit en avant, car cette position de la jambe a pour conséquence de faire avancer l'épaule du même côté;

4° Que la tête soit peu inclinée, surtout en avant, le nez ne devant jamais approcher du pouce de la main droite placé en travers sur la poignée;

5° Que l'arme soit maintenue horizontalement par ses deux supports.

Avec les hommes qui ont le buste long , il faut autant que possible faire affaisser le corps sur la jambe droite et faire placer la jambe et l'avant-bras gauches aussi verticalement que possible, de manière à utiliser toute leur longueur.

Quand le bras est très-court, on fait soutenir l'arme par le pontet.

Sur le terrain, il faut profiter des différences de niveau pour remédier aux défauts de conformation; quand on trouve une dépression, on y met le genou droit, de manière à avoir le pied gauche plus élevé ; quand on aperçoit une bosse, on y place le pied gauche pour le même motif.

Position du tireur couché.

(École du soldat, IIe partie, art. iv, 239.)

Cette position a acquis une grande importance depuis que l'on charge le fusil par l'arrière. Elle a été beaucoup employée pendant la dernière guerre. Il faut donc la rendre familière à nos soldats.

Les détails d'exécution n'ont pas besoin d'être réglementés : que chacun arrive à viser commodément, en s'appuyant sur ses deux coudes pour maintenir l'arme, c'est le seul résultat à poursuivre.

Feu simulé par le départ du chien.

(École du soldat, IIe partie, art. v, 4e exercice préparatoire.)

Cet exercice est de la plus grande importance ; car, *bien faire partir le coup* constitue la plus grande difficulté du tir.

Il est à peu près impossible d'obtenir l'immobilité absolue de l'arme et du corps pendant le pointage. La ligne de mire ne fait que passer par le point visé ; elle s'en éloigne bientôt pour y revenir encore.

Bien tirer consiste à diminuer l'amplitude des oscillations et à saisir le moment favorable pour faire partir le coup. On doit s'appliquer à deux choses :

1° Exercer le corps, le bras, la main à conserver autant que possible l'immobilité pendant que le premier doigt agit sur la détente ;

2° Exercer l'index à obéir instantanément à la volonté pour faire partir le coup dès que l'arme est bien en pointage.

Immobilité. — Pour conserver l'immobilité de l'arme et du corps, il faut *retenir la respiration pendant le pointage* et s'habituer à tirer promptement. Quand on reste trop longtemps en joue, la respiration manque, les bras sont pris de tremblements, les lacets de la ligne de mire s'agrandissent ; si l'on tire dans ces conditions, le coup est généralement mauvais.

Lorsqu'on n'a pas saisi le moment favorable pour faire partir le coup et que l'on commence à éprouver le besoin de respirer, il faut quitter la position, se reposer quelques secondes et reprendre l'opération.

Action du doigt. — Le mouvement du premier doigt de la main droite doit être complétement indépendant du bras et, à cet effet, prendre appui sur la main, qui doit être fortement serrée sur la poignée de l'arme.

Il est essentiel que le tireur connaisse sa détente ; c'est-à-dire qu'il se rende bien compte de l'effort à exercer pour faire partir le coup. Dès qu'il est en joue, il exerce une pression qui doit amener la gâchette sur le bord du cran de la noix ; il n'a plus alors qu'un léger effort à faire pour faire partir le coup lorsque l'œil juge le moment opportun.

Le bon tir dépend donc de l'accord du doigt, de l'œil et de la volonté ; cet accord ne s'établit qu'après de nombreux exercices. Dans le principe, tout le corps participe plus ou moins au mouvement du premier doigt. Ce mouvement du corps précède même souvent l'action du doigt sur la détente ; il est indépendant de la volonté et ordinairement provoqué par l'attente de la détonation, du recul, ou par l'impatience qu'occasionnent les oscillations de la ligne de mire.

Dans tous les cas, le tireur doit pouvoir *accuser son coup* ; c'est-à-dire préciser le point sur lequel était dirigée la ligne de mire au moment où le chien a été dégagé.

Pour habituer les hommes à faire ces observations, l'instructeur fermant l'œil gauche, fait viser son œil droit ; il interroge toujours le tireur après le coup parti. Il juge, d'après les réponses qui lui sont faites et d'après ses propres observations, si les principes précédents ont été bien compris et bien appliqués.

Tir dans les chambres.

L'adresse dans le tir ne s'acquiert et ne se maintient que par une pratique constante. Or, les exercices préparatoires trop longuement répétés deviennent monotones et dès lors improductifs. D'un autre côté, les exercices du tir à la cible occasionnent des dépenses tellement considérables, qu'ils sont forcément limités. On a donné aux exercices préparatoires l'attrait d'un résultat obtenu, en introduisant dans le fusil un tube qui réduit le calibre à $5^{mm},6$, pour tirer un projectile de 1 gramme environ. Avec un appareil de ce genre, on peut exécuter dans les chambres ou dans les cours des casernes de vrais tirs à la cible.

Le but étant à 5 ou 6 pas du tireur, se trouve au delà de la première intersection de la trajectoire et de la ligne de mire, sur la branche ascendante de la trajectoire. Il faut donc viser au-dessous du noir pour l'atteindre.

Cette particularité n'est pas un inconvénient. Elle force le soldat à faire des corrections de pointage et le familiarise avec cette idée qu'il faut viser le plus souvent un point différent de celui qu'on veut toucher.

Ce tir est une innovation des plus heureuses. Les officiers de compagnie qui sauront tirer parti de cette ressource nouvelle, réaliseront de grands progrès dans l'instruction du tir ; ils devront,

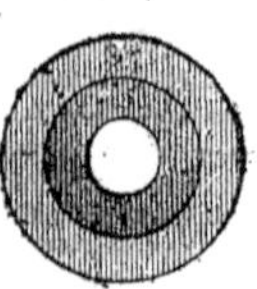

pour cela, prendre note des résultats sur des situations analogues à celles qu'on établit pour les tirs à la cible.

Le matériel employé pour le tir dans les chambres comprend :

1° Le tube à tir pour fusil modèle 1866 :

2° Le jeu de tubes à tir.

Le **tube à tir** (*fig*. 136), pour fusil modèle 1866, est un tube en acier (1) de 0^m,15 de longueur, du calibre de 5^mm,6, ayant 6 rayures en hélice, au pas de 0^m,25.

La partie antérieure du tube porte une *virole* en cuivre du calibre de 11 millimètres (2).

A la partie postérieure, est vissé un *manchon* (3) en cuivre, s'adaptant à la forme cylindro-conique de la chambre du fusil et servant à déterminer la position du tube dans l'arme; dans ce manchon, est creusé un emplacement pour recevoir le porte-charge qui se fixe sur le dard, et dont la partie antérieure doit venir s'appuyer exactement contre l'extrémité du tube rayé.

Le pas de vis rattachant le manchon au tube a pour objet d'obtenir cette juxtaposition du porte-charge sur le tube.

Le **porte-charge** (*fig*. 137 et 138) en acier est de forme tronconique ; à l'intérieur,

porte-charge.

Figure 137.

Coupe du porte-charge

Figure 138.

on distingue le logement tronconique du dard et le logement cylindrique de la cartouche ; ces deux logements sont séparés par une cloison ; à l'extérieur se trouvent des *cannelures* pour loger l'encrassement.

A la partie inférieure, on remarque :

1° Deux *fentes* longitudinales destinées à faciliter l'introduction du dard et à assujettir le porte-charge ;

2° Une *échancrure* permettant d'enlever le porte-charge, après le tir, au moyen d'une lame de tournevis.

Le *jeu de tubes à tir* comprend :

1° Les accessoires ;

2° L'outillage pour la confection des cartouches.

Les accessoires sont :

1° Le **lavoir**, servant au nettoyage du tube et du porte-charge après le tir (*fig.* 139) ;

Lavoir pour le tube à tir.

Baguette à laver le tube à tir.
(*Appareil Delvigne.*)

Figure 139.   Figure 140.

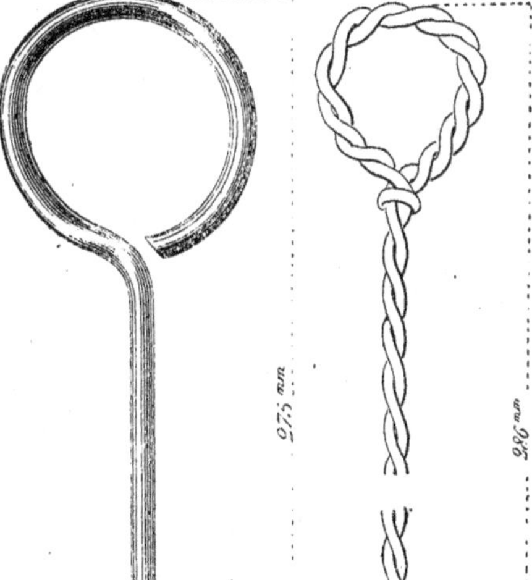

Crochet de l'appareil Delvigne.

Figure 141.

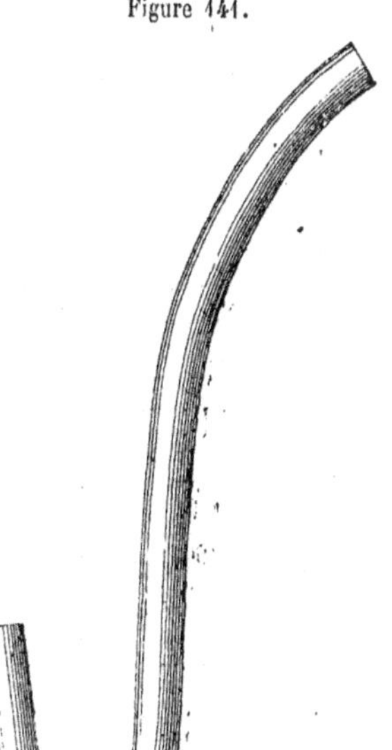

2° L'**appareil Delvigne**, pour nettoyer le tube à tir sans le retirer du canon. Il est composé: 1° d'une *baguette* à laver, flexible, d'environ 1ᵐ,25 de longueur, formée d'un fil de cuivre non recuit, tordu en double (*fig.* 140); 2° d'une sorte de *crochet* en cuivre en forme de S (*fig.* 141);

3° L'**arrache-cartouche** (*fig.* 142), servant à enlever du porte-charge les résidus de la cartouche après chaque coup tiré;.

4° Une **cible carrée** en fonte (*fig.* 143), dont les dimensions et les dispositions sont données à la page 129. Cette cible est fixée sur une plaque carrée de 0ᵐ,40 de côté.

Cible pour tir de chambre

Figure 143.

Outillage.

L'outillage, pour la confection des cartouches, est composé de divers objets indiqués dans le tableau ci-dessous :

Matériel employé pour le tir au tube par chaque bataillon d'infanterie.

DÉSIGNATION DES OBJETS.	NOMBRE D'OBJETS par jeu.	PRIX de L'UNITÉ.	TOTAL PAR JEU.	OBSERVATIONS.
Tubes directeurs.	24	2,50	60,00	
Porte-charge.	24	0,50	12,00	
Lavoirs.	12	0,15	4,80	
Arrache-cartouches	12	0,20	2,40	
Cibles	6	2,90	17,40	
Couteaux	1	0,75	0,75	
Mandrins en fer..	4	0,10	0,40	
Mandrins en bois..	8	0,025	0,20	
Emporte-pièce pour étuis.	1	1,55	1,55	
Emporte-pièce pour rondelles.	1	0,85	0,85	
Planchette à charger.	1	1,55	1,55	
Entonnoir..	1	0,10	0,10	
Chargette.	1	0,25	0,25	
Sertisseur	1	0,15	0,15	
Marteau..	1	2,50	2,50	
Billot de plomb..	1	6,00	6,00	
Moule à balles..	1	14,35	14,35	
Clef pour tubes..	1	0,15	0,15	
Caisse de transport.	1	17,60	17,60	
Tiges flexibles	24	0,15	3,60	Adoptés par la Décision ministérielle du 14 novembre 1872.
Crochets en forme de S.	24	0,10	2,40	
TOTAUX	150		146,00	

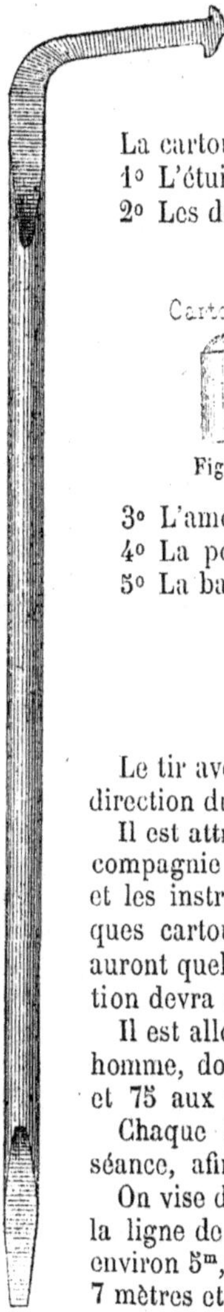

Arrache-Cartouche.

Cartouche (*Figures* 144, 145).

La cartouche se compose de cinq parties :
1° L'étui (*fig.* 146) ;
2° Les deux rondelles ;

Cartouche

Fig. 144.

Coupe de
la Cartouche

Fig. 145.

Etui.

Fig. 146.

3° L'amorce ;
4° La poudre ;
5° La balle (*fig.* 147).

Fig. 147.

Pratique du tir avec tube.

Le tir avec le tube s'exécute par compagnie, sous la direction du capitaine, avec les fusils de démontage.

Il est attribué quatre fusils de démontage à chaque compagnie : toutefois les commandants de compagnie et les instructeurs pourront toujours faire tirer quelques cartouches à un tireur avec son fusil, lorsqu'ils auront quelques motifs d'agir ainsi ; mais cette exception devra être très-limitée.

Il est alloué annuellement 200 cartouches à chaque homme, dont 125 sont employées aux tirs individuels et 75 aux tirs à commandement.

Chaque homme tire cinq cartouches de suite par séance, afin de pouvoir rectifier son tir.

On vise directement la partie inférieure du noir, avec la ligne de mire de 200 mètres, sur une cible placée à environ 5^m,50 du tireur. On pourra exécuter des tirs à 7 mètres et à 10 mètres, afin d'habituer les hommes à faire des corrections de pointage.

Figure 142.

Les traces des balles sont effacées, après le tir de chaque homme, avec un pinceau enduit de blanc d'Espagne ou de noir de fumée.

Les observateurs doivent rester en arrière du tireur pour éviter les éclats de balles.

Nettoyage.

Pendant le tir, le nettoyage se fait, avec l'appareil Delvigne, de la manière suivante :

1° Garnir l'extrémité de la baguette d'un chiffon assez mince pour permettre facilement le va-et-vient dans le tube, et humecter ce chiffon;

2° L'homme étant dans la position de la charge, ouvrir le tonnerre; introduire la baguette dans le tube avec la main droite;

3° Introduire de la main droite la petite branche du crochet dans le tonnerre, la grande branche rabattue à droite, le long du pan de droite, serrer cette grande branche avec les derniers doigts de la main gauche pour maintenir le tube;

4° Saisir de la main droite l'anneau de la baguette et la promener deux ou trois fois dans le tube;

5° Retirer la baguette et continuer le tir.

Après le tir, les tubes et le porte-charge sont lavés, essuyés et graissés : on se sert du lavoir (*fig.* 140).

Conservation du matériel.

Le matériel devra être conservé avec soin et sous clef dans la caisse du bataillon. Les tubes et accessoires, remis le matin aux capitaines, pour les exercices des hommes de leur compagnie, devront être convenablement nettoyés et rendus le soir pour être réintégrés dans la caisse. Ils ne devront, sous aucun prétexte, être laissés dans les mains des soldats, caporaux ou sous-officiers après les exercices; ils devront être repris immédiatement par le capitaine, qui sera responsable des abus auxquels pourrait donner lieu toute infraction à ces dispositions. Les tubes portent des numéros d'ordre de 1 à 24. Les quatre premiers (n°s 1, 2, 3, 4) seront donnés à la 1re compagnie, les quatre seconds (n°s 5, 6, 7, 8) seront attribués à la 2e compagnie, et ainsi de suite.

Ces tubes devront rester, autant que possible, affectés au service exclusif des compagnies auxquelles ils reviennent.

Les conditions d'entretien, de réparation et de remplacement sont indiquées et détaillées dans la note ministérielle du 18 août 1872, insérée au *Journal militaire* (2e semestre, page 177).

TIR A LA CIBLE.

(Règlement sur les manœuvres de l'infanterie, Titre IV, Iʳᵉ partie, art. v.)

Dans les exercices du tir à la cible, le soldat doit se former d'abord comme tireur ; il apprend en second lieu à *connaître son arme*.

L'instruction du tireur doit se faire à petite distance, autant que possible à celle du premier but en blanc. A cette distance, l'homme n'a pas à se préoccuper de corriger le pointage en hauteur, et il est assez près pour observer ses coups et pour rectifier son tir. De plus, l'arme ayant une grande justesse à petite distance, toutes les fautes commises sont imputables au tireur.

Lorsque le soldat sait tirer de but en blanc, il faut lui apprendre l'usage des lignes de mire fixes en deçà et au delà du but en blanc ; on l'exerce, à cet effet, à des distances ne correspondant à aucune ligne de mire (150 mètres et 250 mètres).

Le soldat sachant rectifier son tir d'après des indications données ou des observations faites par lui-même, doit apprendre à connaître son fusil ; c'est-à-dire à savoir sur quels résultats il peut compter, suivant l'éloignement du but, et quelle est la distance au delà de laquelle le tir devient sans effet ; tel est l'objet principal des séances de tir aux grandes distances.

Pour former des tireurs et mieux juger de leur valeur par les tirs à petites distances, il faut **les intéresser à corriger leur pointage** et, pour cela, il est indispensable de modifier la manière de relever les coups.

Jusqu'ici, dans les tirs des régiments, on s'est borné à constater qu'une balle atteignait ou manquait la cible. Avec le fusil lisse et la balle sphérique, le noir n'était qu'un point de mire. Le tir était tellement incertain que la chance de toucher le centre était due au hasard plutôt qu'à l'adresse. Il n'aurait pas été juste d'attribuer une valeur exceptionnelle à la balle qui aurait frappé le noir.

Les conditions sont changées aujourd'hui. Le relevé par points usité dans tous les tirs publics et dans toutes les armées étrangères est le seul admissible ; c'est le corollaire du perfectionnement des armes de guerre.

On trouvera dans le chapitre suivant les moyens d'exécution qui devront être employés désormais dans tous les corps ; ils sont d'une application simple, facile et beaucoup plus rapide qu'on ne le suppose généralement.

CHAPITRE II

MATÉRIEL D'INSTRUCTION

(Règlement sur les manœuvres de l'infanterie, titre V, II⁴ partie, art. 1.

Tranchées-abris. — Le marqueur doit être placé de manière à bien voir la cible et à signaler les coups. Les moyens à employer sont variables suivant les dispositions des lieux et les ressources dont on dispose ; le plus simple est de creuser une tranchée pour que le marqueur placé au-dessous de la cible puisse indiquer les coups avec une palette (*fig.* 148, 149 et 150).

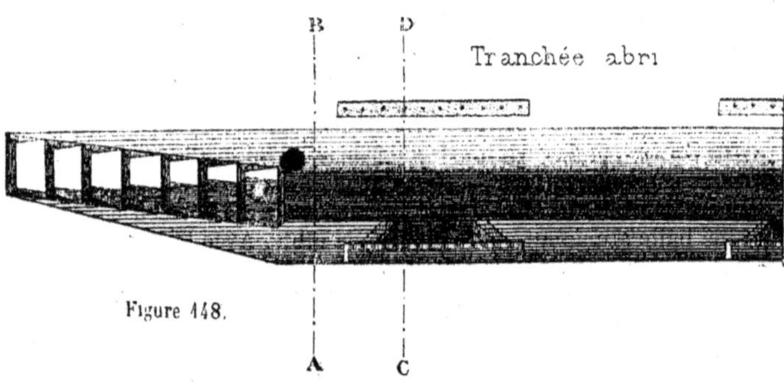

Figure 148.

Palettes. — On évite toute erreur en bouchant les trous au fur et à mesure du tir ; on y arrive simplement en employant une palette à tampon représentée par la figure 151.

Le marqueur a dans une boîte des ronds de papier découpés à l'emporte-pièce. Ces ronds, préalablement enduits de colle, sont appliqués sur les trous à l'aide du tampon. On répare ainsi les cibles en même temps qu'on signale les coups.

Coupe sur **CD**

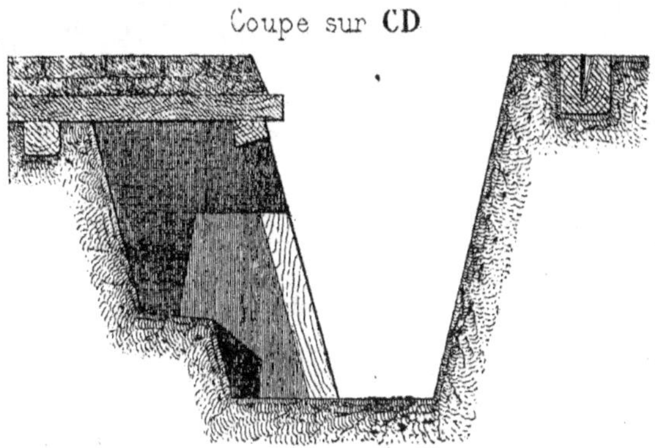

Figure 449.

Cette opération se fait très-lestement lorsque les mar-queurs ont été exercés. On gagne d'ailleurs le temps qu'on est obligé de consacrer aujour-

Coupe sur **AB.**

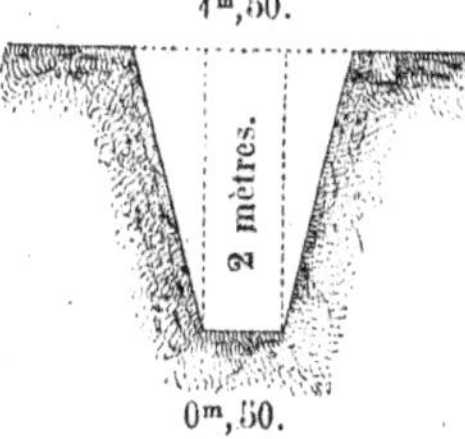

Figure 450.

Palette noire pour signaler les coups avec tampon pour boucher les trous.

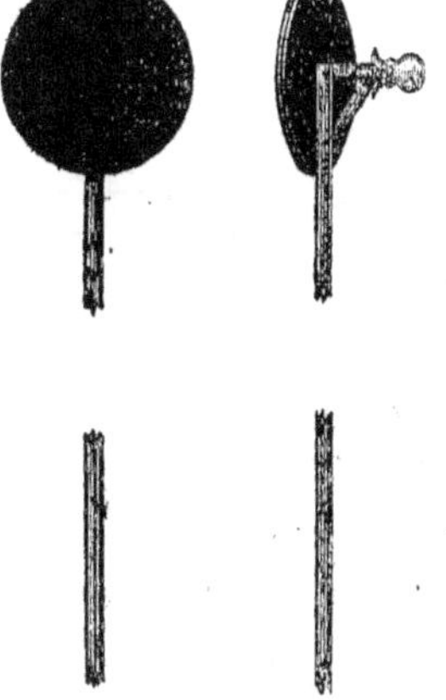

Disque de 0^m 20

Hampe de 3 mètres

Figure 451.

d'hui au relevé des tirs et à la réparation des cibles.

Cibles. — Il serait avantageux d'avoir des cibles rondes pour les tirs individuels à courte portée, des panneaux carrés de 2 mètres pour les tirs à grande distance et les feux d'ensemble, et des cibles de plus petite dimension pour les feux en tirailleurs.

Par économie, on pourra faire tous les tirs sur des cibles rectangulaires ; pour les tirs individuels à courte distance on trace sur la cible 4 cercles équidistants et concentriques au noir. On note zéro toute balle qui atteint la cible en dehors du dernier cercle. Les zones concentriques au noir sont numérotées en donnant le n° 1 à la plus éloignée du centre (*fig.* 152).

CIBLE CIRCULAIRE

de 0^m,75 de rayon tracée sur 2 cibles rectangulaires
formant par leur réunion
UN PANNEAU DE 2 MÈTRES SUR 2 MÈTRES.

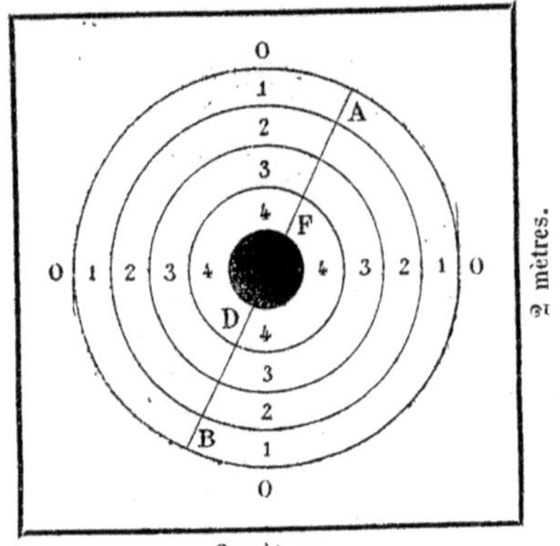

Figure 152.

Toute balle ayant atteint la cible a une valeur en points déterminée par le numéro de la zone touchée. Les balles qui touchent le noir central ont une valeur de 5 points.

Aux petites distances, alors que les écarts sont minimes et imputables surtout au tireur, on devrait multiplier le nombre des zones concentriques, si l'on n'était arrêté par la difficulté de la marque. La cible prussienne a 12 cercles ; celle qui a été en usage à l'école de tir pendant les dernières années, en a 5 ; elle sera exclusivement employée désormais pour les tirs des corps.

Au delà de 400 mètres, on supprime les zones concentriques au noir, on donne à ce dernier une grande dimension, et l'on ne note que 2 les balles qui l'ont atteint (voir *fig.* 153). Il ne serait pas juste d'accorder une valeur considérable à une balle qui atteindrait un noir de petite dimension, car le hasard peut entrer pour une certaine part dans la réussite.

D'après ces principes, on tirera jusqu'à 300 mètres sur une cible circulaire de 0^m,75 de rayon portant un noir de 0^m,15 de rayon et divisée, extérieurement au noir, en 4 zones concentriques d'égale largeur.

Cible de 2^m sur 4 mètres
pour les tirs au delà de 800 mètres

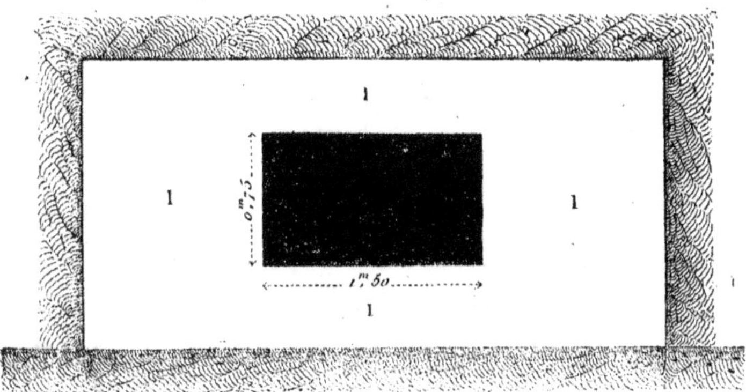

Figure 133.

A 400 et à 600 mètres, on emploiera un panneau de 2 mètres de haut sur 2 mètres de base avec un noir carré de 0^m,50 de côté. On attribuera une valeur de 2 points à toute balle ayant atteint le noir, et une valeur de 1 point à toute balle ayant touché la cible en dehors du noir.

A 800 mètres et au delà, la cible aura 4 mètres de base et portera un noir rectangulaire de 0^m,75 de haut sur 1^m,50 de base; et l'on comptera comme ci-dessus.

Pour les feux d'ensemble à volonté et à commandement, le but sera toujours représenté par un panneau de 2 mètres de haut sur 4 mètres de base, sans noir.

Pour les feux de tirailleurs, on emploiera le plus souvent des cibles spéciales ayant 0^m,75 de haut sur 0^m,50 de base. Elles seront recouvertes en papier gris ou de couleur sombre et ne porteront aucun point apparent.

Le tir de chambre exige une cible spéciale dont le modèle vient d'être adopté. C'est une plaque de fonte carrée de 0^m,15 de côté et de 0^m,01 d'épaisseur divisée en 5 zones par des cercles espacés de 0^m,015 (*fig.* 143).

9

Les balles qui touchent dans les coins de la plaque en dehors du dernier cercle sont cotées 0.

Munitions.

90 cartouches par homme seront allouées annuellement pour les exercices de tir.

En supposant un champ de tir de 1200 mètres, les 90 cartouches seront employées de la manière suivante :

TABLEAU N° 1.

ESPÈCES de feux.	DIMENSIONS et dispositions du but.	DISTANCES.	NOMBRE de séances.	NOMBRE de cartouches par homme.
Tirs individuels.	Cible de 1m,50 de large avec 5 cercles	. . . . 200m . . . . 150 . . . . 250 300	3 (1) 1 1 1	18 6 6 } 36 6
	Cible de 2m sur 2m avec noir carré de 0m,50	. . . . 400 600	1 – 1	6 6
	Cible de 2m sur 4m avec noir rectangulaire de 0m,75 sur 1m,50	. . . . 800 . . . . 1000 1200	1 1 1	6 3 } 24 3
Feux en tirailleurs.	Cibles grises de 0m,75 sur 0m,50.	Distance inconnue comprise entre 200 et 500m	1	9
	Cibles de 2m sur 2m sans noir	Entre . . . 500 et 1000	1	6
Feux à volonté.	Panneau rectangulaire de 2m sur 4m sans noir . . .	 400	1	6 } 30
Feux de peloton { à genou.		 600	1	6
{ debout .	Idem. . . .	Distance inconnue comprise entre 700 et 900m	1	3
		TOTAUX.	16	90

(1) Le 3e tir à 200 mètres ne sera exécuté qu'à la clôture des exercices ; il servira, par comparaison avec le 1er tir à la même distance, à constater la moyenne des progrès.

Les ressources budgétaires ne permettant pas d'allouer en ce moment 90 cartouches ; on se conformera au tableau ci-après pour la répartition des 72 cartouches allouées par la décision ministérielle du 21 janvier 1868, maintenue jusqu'à nouvel ordre.

Tableau de répartition des 72 cartouches allouées par la décision ministérielle du 21 janvier 1868, pour le tir de l'infanterie.

ESPÈCES de FEUX.	DIMENSIONS ET DISPOSITIONS du but	DISTANCES.	NOMBRE de SÉANCES.	NOMBRE de CARTOUCHES par homme.
Tirs individuels . . .	Cibles de 1ᵐ,50 de large avec cinq cercles.	200	3	48
		150	1	6
		250	1	6
		300	1	6
	Cibles de 2ᵐ sur 2ᵐ avec un noir carré de 0ᵐ,50 . . .	400	1	6
		600	1	6
	Cibles de 2ᵐ sur 4ᵐ avec un noir rectangulaire de 0ᵐ,75 sur 1ᵐ,50.	800	1	6
Feux de tirailleurs. .	Cibles grises de 0ᵐ,75 sur 0ᵐ,50.	Distance inconnue comprise entre 200 et 500,	1	6
	Cibles de 2ᵐ sur 2ᵐ sans noir.	500 et 1000	1	6
Feux de peloton debout.	Panneau rectangulaire de 2ᵐ sur 4ᵐ sans noir.	600	1	6
	Totaux.		12	72

Le premier tir s'exécute à la distance de 200 mètres ; on fait ensuite la série des tirs individuels conformément aux indications du tableau nᵒ 2, en commençant par la distance la plus courte ; on termine l'instruction par un tir à 200 mètres.

Si l'étendue du tir est limitée à 150 ou à 100 mètres, les tirs comparatifs ont lieu à la distance de 150 mètres dans le premier cas et de 100 mètres dans le deuxième.

On brûle 6 cartouches par séance en deux reprises, savoir :

3 cartouches dans la position debout ;

3 cartouches dans la position à genou ou couché.

Le tir couché doit se faire au moins 3 fois dans les exercices, de préférence aux petites distances; on doit cependant tenir compte aussi, du temps et du terrain.

Dans un polygone de 1200 mètres, on ne tire que 3 balles à chacune des distances de 1000 et de 1200 mètres. Le premier tir a lieu debout, le deuxième à genou.

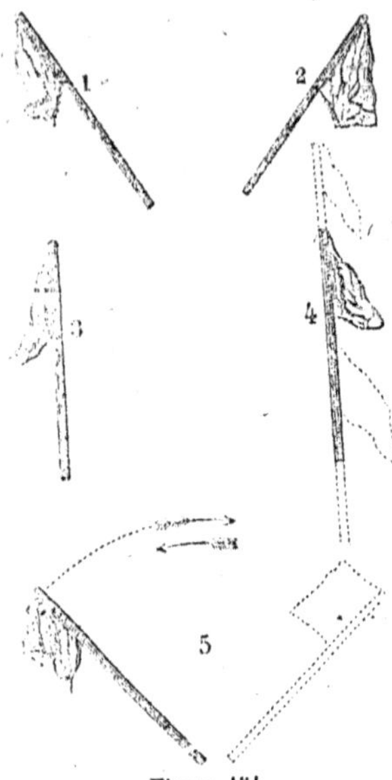

Figure 154.

Manière de signaler les points. — Les points obtenus sont signalés, après chaque coup, avec un drapeau, de la manière suivante (*fig.* 154) :

Pour 1, lever le drapeau, le maintenir immobile, la hampe inclinée d'environ 45° à gauche;

Pour 2, lever le drapeau, le maintenir immobile, la hampe inclinée d'environ 45° à droite;

Pour 3, lever le drapeau, le maintenir immobile, la hampe verticale ;

Pour 4, lever le drapeau verticalement, l'agiter dans le sens de la hampe;

Pour 5, lever le drapeau, l'agiter circulairement de droite à gauche et réciproquement.

Le drapeau reste hissé jusqu'à ce que le tamponneur ait bouché le trou. Lorsque la balle touche la cible en dehors du dernier cercle, le trou est bouché et, par suite, signalé au tireur. Le drapeau ne relève pas; le coup est coté zéro.

Par mesure de prudence, on donne à chaque marqueur un deuxième fanion de couleur rouge; il sert uniquement à faire cesser le feu. Ainsi, lorsque le marqueur, pour une cause quelconque, demande que le tir soit interrompu, il lève le fanion rouge. De même, lorsque l'officier de tir fait sonner : *cessez le feu*, le marqueur lève le fanion rouge pour indiquer qu'il a entendu le signal.

On donne à chaque marqueur une paire de lunettes de cantonnier, en treillis métallique.

CHAPITRE III

DES CLASSES DE TIREURS.

Bases des classements. — Les hommes de recrue ne sont admis à tirer à la cible que lorsque leur instruction préparatoire est jugée bonne par le lieutenant-colonel.

Après les quatre premiers tirs, on fait un premier classement.

Les hommes qui n'ont pas mis au moins : 5 balles dans la cible sur les 24 balles tirées, si l'étendue du champ de tir est de 200 mètres au minimun; et 6 balles, si le tir a moins de 200 mètres, seront de 4° classe, reprendront la série complète des exercices préparatoires et ne seront admis à renouveler l'épreuve que sur nouvel avis du lieutenant-colonel.

Les anciens soldats qui n'auront pas satisfait aux conditions spécifiées ci-dessus, continueront la série des exercices de tir avec leur compagnie, mais ils seront exercés avec les hommes de la 4° classe, jusqu'à ce que leur commandant de compagnie juge que leur instruction est suffisamment améliorée.

Lorsque les tirs individuels sont terminés, les sous-officiers, les caporaux, les anciens et les jeunes soldats sont classés d'après les bases indiquées au tableau n° 2 ci-après.

Les conditions de classement sont déterminées dans chaque cas de la manière suivante :

1° On multiplie le nombre de tirs faits à chaque distance par le coefficient porté en tête de la colonne;

2° On additionne tous les produits; le total est le nombre minimum de points qu'il faut obtenir pour être de première classe. En prenant les 2/3 de ce total, on a le nombre de points qu'il faut obtenir pour être de deuxième classe.

Exemple :

Le polygone n'ayant que 200 mètres, les produits sont :

$$\begin{aligned}
\text{Pour 150 mètres} \quad 4 \times 10 &= 40 \\
\text{— 200 —} \quad 6 \times 7 &= 42 \\
\hline
\text{Total} \quad\quad\quad &\ 82 \\
\text{Dont les 2/3 sont de} \quad &\ 55
\end{aligned}$$

TABLEAU N° 2.

ÉTENDUE du champ de tir.	NOMBRE DE TIRS A EXÉCUTER										TOTAL.	NOMBRE de points à obtenir pour être admis à la	
	100 mètres.	150 mètres.	200 mètres.	250 mètres.	300 mètres.	400 mètres.	600 mètres.	800 mètres.	1000 mètres.	1200 mètres.		1re classe.	2o classe.
	10	10	7	4	3	2	1	1	1				
100	(1) 10	»	»	»	»	»	»	»	»	»	10	100	67
150	»	10	»	»	»	»	»	»	»	»	10	100	67
200	»	4	6	»	»	»	»	»	»	»	10	82	55
250	»	3	5	2	»	»	»	»	»	»	10	73	49
300	»	2	4	2	2	»	»	»	»	»	10	62	44
400	»	2	3	2	2	1	»	»	»	»	10	57	38
600	»	2	3	2	1	1	1	»	»	»	10	55	37
800	»	2	3	1	1	1	1	1	»	»	10	52	35
1000	»	1	3	1	1	1	1	1	1	»	10	43	29
1200	»	1	3	1	1	1	1	1	1	1	11	43	29

Il peut arriver qu'un corps ou une fraction de corps n'ait eu d'abord qu'un champ de tir restreint, et que, par suite d'un changement de garnison, il dispose, à la fin de l'année, d'un polygone plus étendu.

Supposons, par exemple, qu'on ait exécuté sept tirs à 150 mètres, et que le chef de corps puisse faire exécuter dans la nouvelle garnison :

1 tir à 400 mètres ;
1 — à 600 —
1 — à 800 —

Les conditions de classement s'obtiendront par le calcul suivant :

Pour 100 mètres . . . . $7 \times 10 = 70$
— 400 — . . . . $1 \times 2 = 2$
— 600 — . . . . $1 \times 1 = 1$
— 800 — . . . . $1 \times 1 = 1$

Total 74
Dont les 2/3 sont de. 50

(1) Lorsque le tir est limité à 100 mètres, les cercles ne sont plus espacés que de 10 en 10 centimètres, ce qui donne une cible circulaire de $0^m,50$ de rayon.

Il faudra donc, dans ces conditions, avoir 74 points pour être de 1ʳᵉ classe et 50 points pour être de 2ᵉ.

Il est bien entendu que les conditions de classement résultent du total des points sans tenir compte des distances auxquelles ces points ont été obtenus. Ainsi, on peut avoir un et même plusieurs zéros et être de 1ʳᵉ classe si le total des points obtenus est au moins égal au nombre déterminé comme il est indiqué ci-dessus.

Les nombres de points fixés pour l'admission à la 1ʳᵉ et à la 2ᵉ classe ne sont pas forcément les mêmes pour toutes les compagnies ni pour tous les hommes du régiment; ils sont déterminés suivant les distances auxquelles ces compagnies ou ces hommes ont exécuté leur tir.

Les hommes qui n'ont pas terminé leurs tirs sont classés comme s'ils avaient eu des zéros dans les tirs qu'ils n'ont pas exécutés.

N. B. Le coefficient est de 1 pour l'ensemble des tirs faits à 1000 et à 1200 mètres.

Prix de tir.

Les récompenses données à l'adresse dans le tir sont de deux natures; elles sont consacrées :

1º Par des insignes honorifiques consistant en un cor de chasse placé sur la manche gauche de l'habit et de la capote;

2º Par des prix de tir consistant en hausses spéciales permettant de tirer de 1200 à 2000 mètres.

Toutes ces récompenses sont décernées d'après les résultats d'un concours auquel sont admis tous les tireurs de première classe qui sont en même temps de première classe pour l'appréciation des distances.

Le cor de chasse est brodé en or pour les sous-officiers; il est en drap jonquille pour les caporaux et soldats.

Les insignes honorifiques sont accordés dans chaque régiment dans la proportion suivante :

15 pour les sous-officiers ;
90 pour les caporaux, les anciens et les jeunes soldats.

Le droit de porter le cor de chasse est acquis pour toute la durée du service, soit dans l'armée active, soit dans la réserve.

Dans les bataillons formant corps : 6 sous-officiers, 40 caporaux, anciens ou jeunes soldats pris dans la 1ʳᵉ classe, reçoivent le cor de chasse d'après le résultat du concours.

Les hausses spéciales données comme prix de tir sont suspendues à une chaînette semblable à celles des épinglettes données actuellement comme prix de tir.

25 prix sont donnés tous les ans dans chaque régiment, savoir :

1 premier prix, qui se distingue par une grenade dorée servant d'agrafe à une chaîne d'argent ;
10 prix consistant en grenades et chaînes d'argent;
14 prix à grenade et chaîne de cuivre.

Douze prix de tir sont donnés aux bataillons formant corps, savoir:

1 premier prix à grenade dorée et chaîne d'argent;
5 prix à grenade et chaîne d'argent;
6   —   — de cuivre.

Le tir de concours sera relevé au plus haut point ; les concurrents ayant obtenu le même nombre de points tireront autant de balles supplémentaires qu'il sera nécessaire pour parfaire le classement.

Le tir de concours continuera, d'ailleurs, à être réglé d'après le programme actuellement en vigueur.

Indépendamment des récompenses accordées aux meilleurs tireurs, les sous-officiers, caporaux et anciens soldats ayant obtenu le droit au cor de chasse, seront proposés de préférence pour les congés de semestre accordés dans les corps, pourvu toutefois que ces militaires se soient montrés dignes de cette faveur par leur bonne conduite et leur instruction militaire.

Il y a moins de nécessité à retenir ces hommes sous les drapeaux, que leurs camarades moins instruits quoique plus anciens.

CHAPITRE IV

FEUX D'ENSEMBLE, A VOLONTÉ ET A COMMANDEMENT

Mode d'exécution. — Les positions adoptées dans le tir individuel sont celles qui ont été reconnues les meilleures après une longue expérience. Les feux d'ensemble étant la réunion des feux de plusieurs individus, il était logique de chercher à mettre chacun dans les conditions les plus favorables à la justesse du tir. On y est arrivé par un procédé fort simple : en faisant déboîter les hommes du second rang vers la droite, à l'un des commandements qui indiquent le feu. Dès lors, ils peuvent, comme ceux du premier rang, charger et tirer sans modifier les positions enseignées à l'instruction préparatoire de tir et à l'école du soldat.

La quantité dont les hommes du second rang déboîtent à droite n'est pas indifférente. Quand on l'exagère de manière à faire correspondre la figure au milieu du créneau, l'épaule se trouve trop à droite, la mise en joue est impossible, le fusil est dévié à gauche par le sac de l'homme du premier rang de la file précédente. On doit déboîter de 0ᵐ,10 environ, de manière à mettre l'épaule et non la figure en face du créneau.

Dans les feux à volonté, on recommandera le calme, le sang-froid et l'application des règles connues ; car, dans ce cas, on ne peut agir que par des conseils. Il est bien entendu qu'il ne s'agit ici que d'instruction préparatoire ; au moment du tir réel, les chefs de peloton et les serre-files doivent garder un silence absolu. La rectification d'une faute en engendrerait de plus graves.

Dans les feux à commandement, le chef doit laisser aux hommes le temps de disposer la hausse, d'épauler et de viser. Il s'attachera, en outre, à faire pressentir le moment où ils entendront le commandement de *feu*, afin de ne pas les surpendre. Donc, il faut mettre entre les commandements de joue et de feu un *intervalle suffisant et invariable*. Cet intervalle suffisant et invariable est de trois secondes environ. Pour le mesurer, on comptera mentalement, un, deux, trois, quatre, sur la cadence du pas accéléré,

À cette cadence, en effet, on fait 110 pas en 60″

$$1 \text{ pas en } \frac{60''}{110}$$

$$5 \text{ pas en } \frac{5 \times 60}{110} = \frac{30}{11} = 3 \text{ à peu près.}$$

Donc, si l'on simulait le pas, *joue* étant pris pour *marche*, il faudrait commander *feu* à l'instant où l'on poserait le pied à terre pour la cinquième fois.

Ce genre de feu nécessite une préparation ; la meilleure consiste à faire tirer isolément à commandement. On ne peut pas songer à faire ces tirs préparatoires avec des cartouches de guerre, mais il est très-facile aujourd'hui de les exécuter dans les chambres au moyen du tube à tir.

La cadence à laquelle les officiers ont besoin de s'habituer mieux que les soldats est trop souvent mal observée. Cela vient de ce que l'on n'a pas encore secoué le joug des anciennes habitudes. On commande dans les exercices simulés d'une tout autre manière que dans les feux réels. Il faut absolument rompre avec cette routine et, dans les exercices de détail, dans les manœuvres, comme dans les exercices de tir, commander *feu* trois secondes après avoir commandé *joue*.

On peut tirer à commandement dans la position couché ; mais, pour réussir, on doit modifier le mode d'exécution ou plus exactement la manière de commander.

Il faut un temps relativement long pour mettre en joue dans la position couché, et ce temps est très-variable en raison du terrain où chacun se trouve et de l'habileté de chaque tireur à s'affermir sur ses points d'appui. Il est donc impossible de commander *feu* trois secondes après le commandement de *joue* ; cet intervalle devient insuffisant.

D'un autre côté, on peut, sans fatigue, rester fort longtemps en joue lorsqu'on a trouvé son assiette ; il n'y a donc pas d'inconvénient à faire attendre ceux qui sont les premiers prêts. L'intervalle à laisser entre les commandements de *joue* et de *feu* peut alors être allongé d'une manière indéterminée.

Le moment opportun pour l'exécution est marqué par l'immobilité qui s'établit lorsque chacun est prêt. Il n'y a plus qu'à éviter la surprise d'un commandement d'exécution que rien n'aurait fait prévoir ; on y arrivera simplement en faisant précéder le commandement de *feu* de celui d'*attention* que l'on fera dans le haut de la voix, en allongeant la dernière syllabe.

Ainsi, pour faire des feux à commandement dans la position couché, on attendra après le commandement de *joue* que l'immobilité s'établisse dans le peloton ou le groupe, puis on commandera : *Attention*, et immédiatement après : *feu, chargez.*

Vitesse. — Justesse. — Effet utile du tir.

La vitesse du tir est le nombre de coups que 100 hommes tirent en une minute. *L'effet utile* est le nombre de balles que 100 tireurs mettent dans un but déterminé pendant le même temps.

La justesse, qui est appréciée par le pour 100, ne tient compte que des résultats du tir, abstraction faite du temps employé à les produire.

L'effet utile, au contraire, ne tient compte que des résultats obtenus dans un temps donné, abstraction faite du nombre de munitions consommées.

Si 100 hommes visant avec tout le soin possible, tirent

2500 balles en 5 minutes et en mettent 2000 dans la cible, soit 400 par minute, ils auront obtenu 80 pour 100 et 400 d'effet utile.

Si, s'attachant moins à la justesse, les mêmes tireurs se préoccupaient plutôt de la vitesse, ils pourraient tirer 2500 balles en 2 minutes, par exemple. S'ils n'en mettent que 600 dans la cible, soit 300 par minute, ils auront obtenu non-seulement une moindre justesse, mais encore un effet utile inférieur à celui du tir précédent.

Si, tirant 2500 balles en 3 minutes, ils en mettent 1800 dans la cible, la justesse est moindre que dans le premier cas, mais l'effet utile est plus grand, puisque, dans une minute, ils mettent 600 balles dans la cible au lieu de 400.

Ces exemples ont été choisis pour faire ressortir que la recherche exclusive de la vitesse peut nuire à la justesse. L'expérience prouve, en effet, que l'efficacité (qui n'est autre chose que le produit de la vitesse par la justesse) n'augmente avec la vitesse que jusqu'à une certaine limite, au delà de laquelle elle diminue.

Il y a un maximum d'efficacité qui est dû à l'alliance bien combinée de la justesse avec la vitesse. C'est en faisant exécuter des eux d'ensemble, et en mesurant les effets, que les officiers se rendront compte du degré de vitesse qu'il faut atteindre et ne jamais dépasser.

Dans les tirs régimentaires faits au camp de Châlons, l'effet utile paraissait diminuer : dans les feux à volonté, lorsque la consommation moyenne dépassait 6 cartouches par homme et par minute ; dans les feux à commandement, lorsqu'on faisait plus de 5 salves à la minute.

En pareille matière, les chiffres ne sauraient être absolus. Le maximum de vitesse que l'on peut atteindre dépend surtout de l'instruction de la troupe. Les bons tireurs ajustent et tirent vite.

Emploi de la hausse dans les feux d'ensemble.

Dans les feux d'ensemble, il est avantageux de faire prendre à la troupe une hausse plus faible que celle qui correspond à la distance. La différence en moins peut aller jusqu'à 40 ou 50 mètres. Il y a pour cela deux raisons :

D'abord, en prenant une hausse faible, on se ménage la chance de profiter des ricochets ; les coups qui frappent en avant ne sont pas toujours perdus, tandis que ceux qui passent par-dessus le sont nécessairement.

En second lieu, il arrive aux meilleurs tireurs, lorsqu'ils ajustent vite, de placer l'œil trop haut au-dessus du fond du cran de mire. Ainsi, dans un peloton, on a pris la hausse de 500 mètres, par

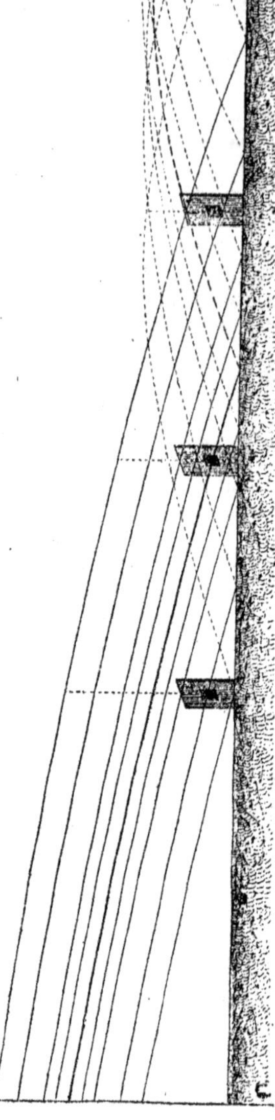

Figure 141

exemple ; il est probable que la plupart des hommes feront passer leur rayon visuel à hauteur de la graduation de 530 mètres au moins.

Conséquemment, le chef de peloton doit indiquer dans son commandement non pas la distance qu'il a appréciée, mais bien la graduation à laquelle il croit avantageux de faire placer le curseur.

Exemple : La distance est de 600 mètres. Le capitaine juge qu'il convient de prendre la hausse de 550 mètres, il commande :

Peloton = ARMES.
A 550 *mètres.*
JOUE.
FEU.
CHARGEZ.

On se laisse souvent influencer à tort à la vue des ricochets. Outre que ces coups atteignent souvent le but, il faut se rendre compte que, dans un tir d'ensemble, on a de toute nécessité des écarts en hauteur comme en largeur.

Si le tir est à bonne hauteur, on a toujours une certaine quantité de coups trop hauts et de coups trop bas.

Dans un feu, même bien exécuté, on constate que la gerbe de plomb a six mètres de hauteur au moins, quand elle arrive sur des panneaux placés à 800 mètres (*fig.* 141).

La hausse est bien réglée quand la partie centrale de la gerbe, celle qui est la plus garnie de balles, vient s'abattre sur la cible. Dans ce cas, le plus favorable de tous, la cible n'ayant que 2 mètres de hauteur et la gerbe en ayant 6, une portion assez notable de coups ricochent, tandis que d'autres, en nombre à peu près égal, passent par-dessus la cible (*fig.* 143).

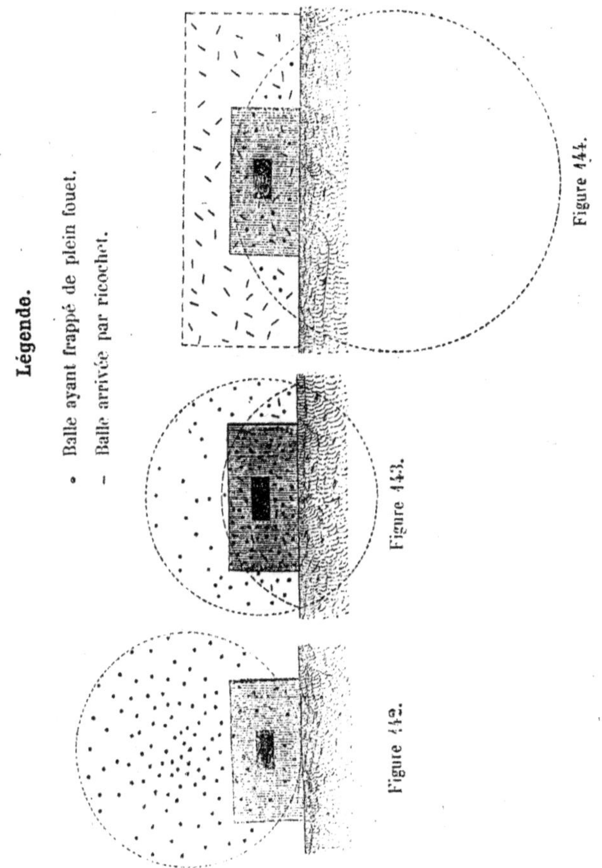

Si l'on règle la hausse de façon à éviter les ricochets, on remplace une portion de la gerbe centrale par les quelques projectiles qui sont disséminés à la limite inférieure de la gerbe ; de plus, on se prive des coups de ricochet : la hausse est évidemment trop forte (*fig.* 142).

Supposons, au contraire, qu'on prenne une hausse faible et que l'on commette une erreur en moins égale à l'erreur commise en trop dans le cas précédent ; on ne profite pas des coups de plein fouet de la totalité de la gerbe centrale, mais on se ménage le bénéfice de nombreux ricochets : il vaut donc encore mieux se tromper par défaut que par excès (*fig.* 144).

Feux d'ensemble à exécuter dans des polygones de petite étendue.

Lorsque l'étendue du champ de tir ne permet pas d'exécuter les feux d'ensemble aux distances réglementaires, on tire à plus courte portée, en ayant soin de préciser toujours la distance.

Les distances de tir ne doivent être déclarées inconnues que lorsqu'on opère dans un grand polygone où l'on peut changer l'emplacement des cibles. Lorsqu'on ne se trouve pas dans des circonstances de ce genre, les munitions réservées aux tirs à distances inconnues, sont employées à distances connues. Mention doit en être faite sur le registre du tir et sur le rapport annuel.

———

CHAPITRE V

MANIÈRE DE RELEVER ET D'APPRÉCIER LES RÉSULTATS DES FEUX D'ENSEMBLE.

Notes à prendre. — Le rôle des officiers de tir consiste à assurer l'exactitude des quantités qui servent à calculer *la vitesse, la justesse et l'effet utile du tir.*

Les officiers de tir comptent eux-mêmes les tireurs.

Comme il est nécessaire que le feu soit continué par tous les hommes jusqu'au roulement, il faut distribuer assez de cartouches pour que nul ne puisse les épuiser avant la cessation du feu.

Au roulement, on ouvre les rangs, on décharge les armes, les officiers de tir font ramasser par les sergents toutes les cartouches non brûlées et les font compter devant eux. La différence entre les cartouches distribuées et les cartouches restantes donne le nombre de balles tirées.

La durée se compte à l'aide d'une montre ou d'un compteur à secondes. Elle s'étend : pour les feux à volonté depuis le commandement de « *Commencez le feu* », et pour les feux à commandement depuis le premier commandement de « *joue* », jusqu'au *roulement*.

Après chaque espèce de feu, les officiers de tir comptent soigneusement les balles mises et font réparer les cibles devant eux.

Le capitaine de tir doit faire figurer dans les comptes rendus : la vitesse, le pour cent et l'effet utile. Quand il s'agit d'apprécier l'instruction d'une troupe ou de comparer deux troupes entre elles, les deux premières de ces quantités sont essentielles à connaître, parce qu'elles fixent dans une certaine limite la valeur de la troisième. De deux pelotons qui ont obtenu le même effet utile, celui qui est arrivé à ce résultat au moyen d'un pour cent plus considérable et d'une vitesse moindre, doit être considéré comme ayant la supériorité ; les effets étant égaux, l'avantage est à celui qui a consommé le moins de munitions.

Calcul du pour cent. — 85 hommes ont tiré 512 balles, ils en ont mis 128 dans la cible. Quel est le pour cent ?

Sur 512 balles tirées, 128 ont touché le but ; pour une balle tirée la chance d'atteindre serait 512 fois plus faible et représentée par $\frac{128}{512}$. Pour 100 balles tirées, la chance d'atteindre devient 100 fois plus grande que pour une, elle est représentée par conséquent par $\frac{128 \times 100}{512} = 25 \ 0/0$.

Le pour cent est de 25.

Règle.—On multiplie le nombre de balles mises par 100 et l'on divise le produit par le nombre de balles tirées. On force le chiffre des dixièmes si celui des centièmes est plus grand que 5.

Calcul de la vitesse. — 85 hommes ont tiré 512 balles en une minute et 18 secondes (1',18"=78"). Quelle est la vitesse du tir ?

1 homme en 78" doit tirer $\frac{512}{85}$ (ou 85 fois moins) ;

1 homme en 1" doit tirer $\frac{512}{85 \times 78}$ (ou 78 fois moins) ;

1 homme en 60"=1' doit tirer $\frac{512 \times 60}{85 \times 78}$ (ou 60 fois plus) ;

100 hommes en 1' doivent tirer $\frac{512 \times 60 \times 100}{85 \times 78}$ (ou 100 fois plus).

Le résultat de cette opération est 463, expression de la vitesse.

Règle. — Pour avoir la vitesse, on multiplie d'abord le nombre de balles tirées par le nombre constant 6000 ; on multiplie d'autre part le nombre de tireurs par la durée exprimée en secondes, et l'on divise le premier produit par le second. Si le chiffre des dixièmes du quotient est supérieur à 5, on force le chiffre des unités.

Calcul de l'effet utile. — 128 balles ont été mises dans la cible par 85 hommes en 1′ et 18″ ou 78″. Quel est l'effet utile du tir ?

Si 85 hommes en 78″ ont mis 128 balles dans la cible,

$$1 \text{ homme, en } 78'', \text{ en mettra } \frac{128}{85} ;$$

$$1 \quad - \quad \text{en } 1'' \quad - \quad \frac{128}{85 \times 78} ;$$

$$1 \quad - \quad \text{en } 60''=1' \quad - \quad \frac{128 \times 60}{85 \times 78} ;$$

$$100 \quad - \quad \text{en } 1' \quad - \quad \frac{128 \times 60 \times 100}{85 \times 78} = 115,8, \text{ et en}$$

forçant 116.

Règle. — Pour avoir l'effet utile, on multiplie le nombre de balles mises par le nombre constant 6000 ; on multiplie d'autre part le nombre d'hommes par la durée exprimée en secondes, et l'on divise le premier produit par le second, en forçant le chiffre des unités du quotient quand le chiffre des dixièmes est supérieur à 5.

Remarque. — Quand on connaît la vitesse et le pour cent, on peut se dispenser de calculer directement l'effet utile. En effet, on a trouvé dans l'exemple choisi que 100 hommes, en 1′, tiraient 463 balles ; mais on a trouvé, d'autre part, que la compagnie avait mis dans la cible les $\frac{25}{100}$ des balles tirées ; donc sur 463 balles, elle en a

mis $\frac{463 \times 25}{100} = 116$, nombre déjà trouvé.

Règle. — Quand on veut avoir l'effet utile, ayant déjà la vitesse et le pour cent, on multiplie ces deux dernières quantités l'une par l'autre et l'on divise par 100.

Pour cent moyen. — Justesse moyenne. — Vitesse moyenne. — Effet utile moyen.

Le pour cent, la vitesse, l'effet utile étant calculés pour chaque compagnie, les officiers de tir ont à opérer sur des totaux, et à trouver pour le bataillon et pour le régiment le pour cent moyen, la vitesse moyenne, l'effet utile moyen.

Il importe de ne pas confondre ces quantités avec la moyenne des pour cent, la moyenne des vitesses et la moyenne des effets utiles. Un exemple fera comprendre la différence.

Les 12 sapeurs ont tiré 72 balles, ils en ont mis 36 dans la cible. Leur pour cent est 50,0.

La compagnie hors rang forte de 80 hommes ayant tiré 480 balles en a mis 120 dans la cible. Le pour cent est de 25,0.

La moyenne des pour cent est de $\dfrac{50 + 25}{2} = \dfrac{75}{2} = 37.5$.

Mais il est bien évident que si on avait fait tirer les sapeurs avec la compagnie, on aurait eu un peloton de 92 hommes, lesquels auraient tiré 552 balles, en auraient mis 156 dans la cible, et auraient obtenu par conséquent $\dfrac{156 \times 100}{552} = 28,2$ p. 100.

Dans ce cas, le pour cent moyen est 28,2, tandis que la moyenne des pour cent est 37,5.

Pour cent moyen. — *Règle.* — *On divise le total des balles mises dans le bataillon ou dans le régiment, par le total des balles tirées et l'on multiplie le quotient par 100.*

De même, quand on doit calculer les justesses, les vitesses et les effets utiles moyens des feux d'ensemble, comme les compagnies n'ont pas le même effet utile, qu'elles ne tirent pas exactement avec la même vitesse, ni avec la même justesse, et que les durées de leurs feux ne sont pas les mêmes, on commettrait des erreurs, si l'on se bornait à prendre les moyennes de ces quantités calculées séparément pour chacune des fractions du corps.

Quelle que soit la quantité que l'on veuille calculer, le procédé est le même.

On ramène les résultats du tir à ce qu'ils seraient, si toutes les compagnies formées en un détachement unique avaient tiré pendant le même temps. On cherche donc quel serait le nombre des balles tirées et le nombre des balles mises dans l'unité de temps par ce peloton fictif. De là, on passe aisément à l'expression qui est indiquée par la définition même de la quantité cherchée.

Exemple :

1re compagnie. — 80 hommes ont tiré 700 balles ; ils en ont mis 175 dans la cible. Le feu a duré 1′ 12″, soit 72″.

2e compagnie. — 70 hommes ont tiré 400 balles ; ils en ont mis 200 dans la cible. Le feu a duré 1′ 36″, soit 96″.

Balles tirées en une minute :

1re compagnie. — 80 hommes ont tiré 700 balles en 1′ 12″; ils ont tiré, par conséquent, $\dfrac{700 \times 60}{72} = 583,3$ en une minute.

2e compagnie. — 70 hommes ont tiré $\dfrac{400 \times 60}{96} = 250$ balles en 1′.

La 1re et la 2e compagnie formant un péloton de 150 hommes auraient tiré : 583,3 + 250 = 833,3 balles en 1′.

Balles mises en une minute :

La 1re compagnie a mis dans la cible $\dfrac{175 \times 60}{72} = 146$ balles en 1′.

La 2e compagnie a mis dans la cible $\dfrac{200 \times 60}{96} = 125$ balles en 1′.

Les 1re et 2e compagnies auraient mis 146 + 125 = 271 balles dans la cible en 1′.

Justesse moyenne. — La justesse moyenne exprimée en pour cent est $\dfrac{271 \times 100}{833} = 32,4$.

Vitesse moyenne. — 150 hommes ont tiré 833 balles en 1′,

     1   —   aurait tiré $\frac{833}{150} = 5,55$ balles,

  100   —   auraient tiré 555 balles.

Effet utile moyen. — 150 hommes ont mis 271 balles en 1′,

     1   —   aurait mis $\frac{271}{150} = 1,80$ balles,

  100   —   auraient mis 180 balles.

Remarque. — On obtient encore l'effet utile moyen, en multipliant la *vitesse moyenne* par la *justesse moyenne*, et en divisant par 100.

$$\frac{555 \times 32,4}{100} = 180.$$

Règle. — 1° *On divise le total des balles tirées dans chaque compagnie par la durée correspondante, la minute étant prise pour unité. On fait la somme des quotients. On obtient ainsi le total des balles tirées en 1′ par le bataillon ou par le régiment.*

2° On opère de même sur les balles mises.

Ces deux expressions étant trouvées, on en déduit :

1° Le pour cent moyen, en divisant le total des balles mises en 1′ par le total des balles tirées en 1′, et en multipliant le quotient par 100;

2° La vitesse moyenne, en divisant le total des balles tirées en 1′ par le total des tireurs du bataillon ou du régiment, et en multipliant le quotient par 100;

3° L'effet utile moyen, en divisant le total des balles mises en 1′ par le total des tireurs du bataillon ou du régiment, et en multipliant le quotient par 100 ; ou en multipliant la vitesse moyenne par la justesse moyenne, et en divisant par 100.

Termes de comparaison pour servir à l'appréciation des tirs d'exercice.

Les résultats d'un tir d'exercice sont souvent influencés par des circonstances atmosphériques dont on doit tenir compte dans l'appréciation.

Cette réserve faite, on trouvera dans le tableau suivant la qualification de résultats de tirs individuels exprimés par leur pour cent, et de feux d'ensemble évalués par leur effet utile.

TIRS INDIVIDUELS.

Qualification de pour cent obtenus avec le fusil modèle 1866.

DISTANCES.	DIMENSIONS DU BUT.	MAUVAIS TIR.	TIR MÉDIOCRE.	ASSEZ BON TIR.	BON TIR.	TRÈS-BON TIR.	TIR EXCELLENT.
200	2 mètres sur 1 mètre.	au-dessous de 25	de 26 à 35	de 36 à 45	de 46 à 60	de 61 à 80	au-dessus de 81
300	2 — 1m,50	— 24	22 28	29 38	39 52	53 70	— 74
400	2 — 2m,00	— 17	18 23	24 31	32 44	45 60	— 64
500	2 — 2m,50	— 14	15 19	20 27	28 37	38 50	— 54
600	2 — 3m,00	— 12	13 16	17 23	24 31	32 42	— 43
700	2 — 3m,50	— 10	11 14	15 19	20 26	27 35	— 36
800	2 — 4m,00	— 8	9 11	12 16	17 21	22 30	— 31
900	2 — 4m,50	— 6	7 9	10 13	14 18	19 25	— 26
1000	2 — 5m,00	— 4	5 7	8 10	11 14	15 20	— 21

FEUX A VOLONTÉ ET A COMMANDEMENT.

Qualification d'effets utiles obtenus dans des tirs d'instruction, exécutés sur des panneaux de 2 mètres de hauteur sur 4 mètres de base, avec le fusil modèle 1866.

ESPÈCES DE FEUX.	DISTANCES.	MAUVAIS TIR.		TIR MÉDIOCRE.		ASSEZ BON TIR.		BON TIR.		TRÈS-BON TIR.		TIR EXCELLENT.	
	200	au-dessous de 60		de 61	120	de 121	180	de 181	260	de 261	350	au-dessus de 351	
Feux à volonté.	300	—	50	51	87	88	140	141	245	246	280	—	281
	400	—	42	43	68	69	115	116	160	161	225	—	226
	500	—	34	35	58	59	95	96	130	131	180	—	181
	600	—	28	29	50	51	80	81	110	111	150	—	151
Feux à commandement.	400	—	30	31	50	51	85	86	120	121	160	—	161
	500	—	25	26	45	46	70	71	100	101	130	—	131
	600	—	20	21	40	41	60	61	80	81	110	—	111
	700	—	15	16	30	31	50	51	70	71	90	—	91
	800	—	12	13	25	26	40	41	55	56	75	—	76
	900	—	10	11	20	21	30	31	45	46	60	—	61
	1000	—	8	9	15	16	25	26	35	36	45	—	46
	1200	—	6	7	8	9	10	11	14	15	20	—	21

CHAPITRE VII

APPRÉCIATION DES DISTANCES.

L'appréciation d'une distance à la vue simple est le résultat de la comparaison de cette distance avec une distance connue.

Pour donner une première base d'appréciation, il est recommandé de faire des observations à toutes les séances de tir à la cible, sur les différentes apparences du terrain, des objets et des hommes. Ces observations sont renouvelées pendant les exercices de l'étalonnage du pas et la mesure des distances au pas.

Il faut examiner le terrain avec réflexion, mais en évitant la minutie. Les remarques trop précises et trop nombreuses échappent à toutes les mémoires. Les apparences des objets sont d'ailleurs changeantes, de sorte qu'on peut insister avec beaucoup de soin sur une foule de détails sans profit réel pour l'instruction.

Pour ces motifs, on ne doit pas consacrer plus d'une séance aux exercices prescrits par les paragraphes 17, 18, 19, 20 et 21 du règlement du 16 mars 1869 sur les manœuvres d'infanterie (Titre IV, Iʳᵉ partie, art. 2).

Mesure des distances au pas.

La mesure des distances au pas a un double but : 1° donner aux tireurs le moyen de vérifier les estimations faites à la vue ; 2° leur fournir des termes de comparaison : un homme qui aura mesuré beaucoup de distances, sera mieux préparé qu'un autre à les apprécier.

On arrive aisément à mesurer une distance au pas avec une grande approximation. Le tireur compte ses pas et dit (100 mètres), en étendant le pouce de la main droite lorsqu'il a compté le nombre de pas qu'il doit faire pour mesurer 100 mètres. Il recommence à compter ses pas depuis 1, jusqu'au nombre qui correspond à 100 mètres et dit (200 mètres), en étendant le premier doigt. Il recommence encore à compter et lève le deuxième doigt quand il arrive à une troisième centaine, etc.

Lorsque le tireur juge qu'il est à moins de 100 mètres du but, il regarde combien il a levé de doigts et retient ce nombre qui exprime des centaines de mètres. Il continue à marcher en comptant par dizaines et en les marquant successivement avec ses doigts, comme il a fait pour les centaines, jusqu'à ce qu'il arrive assez près du but pour pouvoir compter par mètres en allongeant le pas.

Il ajoute ses pas, mètre par mètre, aux dizaines qu'il vient de compter, si bien qu'en arrivant au but, il connaît la distance exprimée en mètres, en ajoutant le nombre ainsi obtenu à celui des centaines qu'il a dû retenir.

Exercices d'appréciation.

C'est dans le troisième article de la première partie du titre IV que l'on trouve les exercices réellement profitables à l'instruction.

Les résultats des appréciations seront exprimés en points de la manière suivante :

Feux simulés. — Jusqu'à la distance de 500 mètres, les tireurs prennent la ligne de mire qui convient à la distance sans préciser davantage l'éloignement du but : ils se bornent à appliquer les règles de tir.

Au delà de 500 mètres, on ne fait varier la hausse que de 50 en 50 mètres, de sorte qu'entre deux graduations successives de la planche, on n'admet, dans ces exercices, qu'une position intermédiaire à donner au curseur.

Pour les distances de 500 mètres et au-dessous, on donne un point au tireur dont la hausse est bonne, et zéro à tous les autres.

Quand on arrive à la limite d'emploi de deux lignes de mire consécutives, on n'accepte comme bonne que la hausse inférieure. Ainsi, à 250 mètres, la hausse réputée comme bonne est celle de deux cents mètres.

Pour les distances supérieures à 500 mètres, les hausses multiples de 50 étant seules employées, le tireur qui choisit un des multiples de 50 entre lesquels la distance est comprise obtient deux points.

Celui qui choisit le multiple précédent obtient un point; cette hausse est réputée bonne pour toucher le but par ricochet. On donne un zéro à ceux qui ont dépassé ces limites.

Lorsque la distance réelle est un multiple de 50, on donne deux points aux tireurs seuls qui ont pris la hausse exacte et un point à ceux qui ont pris la hausse inférieure.

Si la distance est supérieure à 1200 mètres, on donne deux points aux hommes qui ont estimé que le but était hors de portée; on donne un point aux hommes qui ont pris la hausse de 1200 mètres, dans le cas où la distance réelle est inférieure à 1300.

Pour l'inscription des points, on emploiera les deux modèles suivants.

Le premier est une situation par subdivision destinée à un seul exercice.

Le deuxième est un contrôle établi par compagnie à la suite du registre de tir, pour l'inscription des résultats moyens obtenus dans les divers exercices de l'année.

1er BATAILLON.

5e COMPAGNIE.   1re SUBDIVISION.

Situation pour la séance d'appréciation des distances du 12 avril 1872.

Nombre d'appréciations faites : 8.

Distances mesurées		. . 270. .		. . 680. .		. 750 . .		. 1270. .			Notes moyennes.
Hausses donnant droit — à 2 points		. . . . .		650 et 700		. . 750. .		. H. P. .			
Hausses donnant droit — à 1 point		. . 300. .		. . 600. .		. . 700. .		. 1200. .			
NOMS.	GRADES.	Hausses employées.	Notes.	Hausses employées.	Notes.	Hausses employées.	Notes.	Hausses employées.	Notes.			
Beccolet .	Sergent. . . .	200	0	600	1	800	0	1050	0			3/8
Vercq. . .	Caporal. . . .	300	1	550	0	800	0	H.P.	2			6/8
Roquier. .	Soldat de 1re cl.	300	1	750	0	750	2	1200	1			4/8
Dubreuil.	Id.	200	0	700	2	700	1	900	0			3/8
Robert. .	Id.	400	0	600	1	600	0	H.P.	2			5/8
Schalk . .	Id.	300	1	650	2	750	2	1000	0			6/8

1er BATAILLON.

5e COMPAGNIE.

Résultats obtenus par les hommes de la compagnie dans les exercices de l'appréciation des distances.

NOMS.	GRADES.	Résultats antérieurs à l'arrivée à la compagnie.	12 avril.	23 avril.	1er mai.	5 mai.	17 mai.	3 juin.	TOTAUX.	Note moyenne de l'année.	Classement.
Beccolet .	Sergent		3/8	5/11	»	8/12			83/108	76.8	1
Wercq . .	Caporal. . . .		6/8	3/11	5/9	5/12			92/123	74.8	1
Roquier. .	Soldat de 1re cl.		1/8	6/11	3/9	»			95/118	80.5	1
Dubrenil	Id. de 2e cl.		3/8	2/11	»	7/12			73/92	79.3	1
Robert . .	Id.		5/8	»	2/9	5/12			53/92	57.6	2
Schalck .	Id.		6/8	7/11	»	6/12			62/121	54.2	2
Sonnet. .	Id.	23/48	»	»	»	»			59/103	57.3	2

Manière de remplir la situation.

Immédiatement après l'exécution du feu simulé, pendant qu'on mesure la distance, le chef de section fait ouvrir les rangs ; les sergents passent devant les hommes de leur subdivision, chacun de ces derniers présente son arme *le canon en dehors et tenu verticalement, la planche couchée sur son pied lorsqu'on a voulu faire usage d'une ligne de mire fixe ; la hausse rabattue sur le canon, si la distance estimée comporte l'emploi du curseur.*

Le sergent, sans interroger personne, prend note des hausses employées et les inscrit sur la situation.

Les hommes qui ont estimé que le but était hors de portée, ont l'arme au pied lorsque le sergent passe devant eux. Cette attitude, qui signifie *but hors de portée,* sera marquée sur la situation par les initiales H. P.

L'en-tête qui sert de guide au sergent chargé de donner les notes est dicté par l'officier lorsque la distance réelle est connue.

Les notes données par le sergent sont lues à haute voix, confirmées ou rectifiées par l'officier en cas de contestation.

A la fin de la séance, le sergent inscrit la note moyenne de chacun, sous forme de fraction ordinaire. Ainsi, en supposant qu'on ait fait 8 appréciations et que le caporal Wercq ait obtenu 6 points, sa note moyenne sera 6/8.

2° modèle. — Les notes moyennes de chaque situation sont reportées sur le contrôle de la compagnie par le fourrier.

A la clôture des exercices (ouverture de l'inspection générale autant que possible), on additionne, pour chaque homme, les résultats obtenus pendant l'année. Le total $\frac{83}{108}$ signifie que le sergent Beccolet a obtenu 83 points sur 108 appréciations faites pendant l'année.

Pour que les résultats soient comparables, les expressions fractionnaires des résultats sont réduites en pour 100. Ces expressions nouvelles sont prises pour la note moyenne de l'année et servent de base au classement. Cette réduction en pour 100 n'a d'autre but que de rendre les résultats comparables en réduisant tous les rapports au même dénominateur 100.

Au moyen de ces situations et de ces cahiers de notes, les chefs de bataillon, le lieutenant-colonel, le colonel et le général inspecteur pourront connaître :

1° Le nombre de séances consacrées par année à l'instruction de l'appréciation des distances ;

2° Le nombre d'appréciations faites dans chaque séance ;

3° Le nombre d'hommes présents à chaque exercice ;

4° Les résultats obtenus par un homme quelconque dans le courant de l'année.

Classement. — A la fin des exercices, autant que possible au moment de l'inspection générale, on fera un classement pour l'appréciation des distances comme pour le tir. Les bases de ce classement ne pourront être définitivement établies que lorsque la méthode précédente aura été sérieusement appliquée pendant deux ou trois ans dans tous les régiments. En attendant, on se bornera à classer, dans chaque compagnie, les sous-officiers, les caporaux et les soldats d'après les notes moyennes de l'année, et à déclarer de première classe le premier tiers de l'effectif.

Toutefois, on n'admettra à la première classe que les militaires qui auront fait au moins 50 appréciations dans le courant de l'année.

Pour que cette dernière condition ne prive pas d'une récompense les bons tireurs qui, pour des motifs légitimes, n'auraient pas, au moment des classements, le nombre d'appréciations exigées, on fera, avant la clôture des listes, quelques exercices supplémentaires où ne seront admis que les tireurs de première classe.

Les listes de classement seront affichées dans les chambres de la compagnie.

Variation des exercices.

Les exercices de l'appréciation des distances seront commencés sur le champ de manœuvres ou sur le champ de tir ; on s'attachera à familiariser tout le monde avec le mode de notation employé.

Il est de toute nécessité de répéter ces opérations sur des terrains variés. On peut aisément le faire sans quitter les routes et les sentiers battus.

Les promenades militaires doivent toujours avoir pour objet de simuler une opération de guerre. Dès qu'on a pris position, chaque commandant de compagnie fait apprécier les distances de tous les points remarquables près desquels l'ennemi devrait passer s'il prenait l'offensive.

Pendant qu'on prend note des appréciations, un officier mesure les distances à l'aide d'un télémètre ou d'une carte topographique suffisamment détaillée.

TABLE DES MATIÈRES

PREMIÈRE PARTIE

Notions théoriques élémentaires

CHAPITRE I.

PRINCIPES GÉNÉRAUX DU TIR.

CHAPITRE II.

CAUSES DE DÉVIATION. — JUSTESSE DU TIR.

CHAPITRE III.

TRAJECTOIRE MOYENNE. — RÈGLES DE TIR.

— — —

DEUXIÈME PARTIE

Armement de l'infanterie

CHAPITRE Ier.

CARACTÈRES GÉNÉRAUX DES ARMES MODERNES.

CHAPITRE II.

ARMEMENT EN SERVICE.

TROISIÈME PARTIE

Pratique du tir.

CHAPITRE Iᵉʳ.

MÉTHODE D'INSTRUCTION.

Exercices préparatoires.

CHAPITRE II.

MATÉRIEL D'INSTRUCTION.

CHAPITRE III.

DES CLASSES DE TIREURS.

CHAPITRE IV.

FEUX D'ENSEMBLE, A VOLONTÉ ET A COMMANDEMENT.

CHAPITRE V.

MANIÈRE DE RELEVER ET D'APPRÉCIER LES RÉSULTATS DES FEUX D'ENSEMBLE.

CHAPITRE VII.

APPRÉCIATION DES DISTANCES.

FIN DE LA TABLE DES MATIÈRES.

EXTRAIT DU CATALOGUE

NOUVEAUTÉS
1er MARS 1873

EXTRAITS DU JOURNAL DES SCIENCES MILITAIRES

LES PLACES FORTES ET LES CAMPS RETRANCHÉS, par M. le
général Crouzat (février 1873). Broch. in-8.   50 c.

DE L'EMPLOI DES CHEMINS DE FER POUR LES MOUVEMENTS
STRATEGIQUES, par M. Niox, capitaine d'état-major (février 1873).
Broch. in-8, avec carte imprimée en couleur.   1 fr. 50

L'ATLAS HISTORIQUE MILITAIRE DU DÉPOT DE LA GUERRE,
par A. Turpin. Broch. in-8.   75 c.

SYSTÈME DE CANONS DE CAMPAGNE, par M. Martin de Brettes,
lieutenant colonel d'artillerie. Broch. in-8 (janvier 1873).   60 c.

LA FORTIFICATION A FOSSÉS SECS, par le colonel Brialmont.
Examen par le général de Blois. Broch. in-8.   1 fr.

RÉSUMÉ DES PRINCIPES MILITAIRES, par S. M. Charles XV, roi
de Suède. Broch. in-8.   75 c.

EXAMEN CRITIQUE DES IDÉES DE M. D'AUDIFFRET-PASQUIER
sur l'administration de la guerre, par M. X.... Br. in-8.   75 c.

LE 20e CORPS A L'ARMÉE DE LA LOIRE, par le général Crouzat.
Broch. in-8.   1 fr.

NOTE SUR LA POUSSÉE DES TERRES ET SUR LA CONSTRUC-
TION DES MURS DE REVETEMENTS, par M. Cosseron de Villenoisy, ancien colonel du génie. Br. in-8, avec 2 planches.   1 fr. 50

LES ARMÉES ROMAINES ET LEUR EMPLACEMENT, par M. l'in-
tendant général Robert, membre de l'Institut. In-8 (janvier 1872). 1 fr.

SYSTEME DE CANONS DE CAMPAGNE, par M. Martin de Brettes,
lieutenant-colonel d'artillerie. In-8 (janvier 1872).   75 c.

ÉTUDES DE GUERRE, par le colonel Lewal, du corps d'état-major.
In-8 (janvier, février, mars et avril 1872).   2 fr.

MARINE MILITAIRE DE L'ALLEMAGNE : Matériel de la flotte. —
Description des côtes de la mer du Nord et de la Baltique, des ports
et des établissements. — Personnel, par J. Bourelly, capitaine d'état-
major (janvier, février, mars et avril 1872).   1 fr. 50

CAMPAGNE DE 1870-1871. *Opérations de l'armée du Sud pendant les
mois de janvier et de février* 1871, d'après les documents officiels de
l'état major allemand, par le comte Hermann de Wartensleben, colonel
d'état-major ; traduit de l'allemand par M. Alfred Dumaine (février,
mars, avril, mai et juin 1872). In 8 avec planches.   2 fr. 50

LA FORTIFICATION ACTUELLE ET LES CHANGEMENTS A Y IN-
TRODUIRE, par M. Cosseron de Villenoisy, colonel du génie (février 1872). In-8.   1 fr.

ORGANISATION ET TACTIQUE DE L'INFANTERIE FRANÇAISE, depuis son origine jusqu'à l'époque actuelle (1869), par le comte G. D'ANDLAU, colonel d'état-major (février, mars, avril et mai 1872). In–8, avec figures. 2 fr.

CONSTRUCTION ET DESTRUCTION DES CHEMINS DE FER EN CAMPAGNE, par M. WIBROTTE, sous-lieutenant au 47° de ligne (juin 1872). In-8, avec figures. 1 fr. 50

LES TRAINS SANITAIRES. Etude sur l'emploi des chemins de fer pour l'évacuation des blessés et malades en arrière des armées, par M. le docteur MORACHE, médecin-major de 1re classe, professeur agrégé à l'Ecole d'application de médecine-militaire (juillet-août 1872). In-8, avec planches. 1 fr. 50

LES PIGEONS MESSAGERS DANS L'ART MILITAIRE, par M. DU PUY DE PODIO, commandant au 48° de ligne (mars et avril 1872). In-8, avec carte. 1 fr. 50

CONFÉRENCES SUR L'ARTILLERIE, faites aux officiers du 114° régiment d'infanterie, par J. DE FRANCE, capitaine instructeur au 25° d'artillerie (juin, juillet, août, septembre et octobre). In-8, avec figures. 4 fr.

LA FORTIFICATION PASSAGÈRE DANS LES GUERRES ACTUELLES, par M. E. VIOLET-LE-DUC (juillet 1872). In-8, avec figures. 1 fr.

L'EUROPE TOPOGRAPHIQUE. Tableau des principales cartes d'état-major, par C. MAUNOIR (août 1872). In-8, avec carte tirée en couleurs. 1 fr. 50

SYSTÈME DE CANONS DE SIÉGE ET DE PLACE, par M. MARTIN DE BRETTES, lieutenant-colonel d'artillerie (août 1872). In–8. 1 fr.

PROJET D'ÉTUDE DE LA TACTIQUE DE L'INFANTERIE, par le général B... (juillet 1872). In-8. 1 fr.

(LES ERRATA HISTORIQUES MILITAIRES). LE DÉPOT DE LA GUERRE, CE QU'IL A ÉTÉ, CE QU'IL EST, CE QU'IL PEUT ÊTRE, par Th. IUNG, officier d'état-major (septembre 1872). In-8. 1 fr.

DU SERVICE MÉDICAL DANS LES CORPS DE TROUPE EN TEMPS DE GUERRE, par M. le docteur M... (octobre 1872). In-8. 1 fr.

LA FORTIFICATION MISE EN RAPPORT AVEC LES PROGRÈS DE L'ARTILLERIE, par M. TOUCHE, capitaine au 1er d'artillerie (décembre 1872). 75 c.

PROJET D'ORGANISATION ET DE MOBILISATION DE L'ARMÉE FRANÇAISE, à propos d'un ordre *inédit* de mobilisation de l'armée prussienne, par M. Ch. FAY, lieutenant-colonel d'état-major (décembre 1872). In-8, avec carte. 1 fr. 50

ALBECA (César L. d'), ancien officier supérieur d'état-major, etc. — **Livre de guerre moderne** à l'usage des militaires de toutes les armes et de tous les pays. Londres, 1872, fort vol. in-12 avec figures dans le texte et relié toile. 13 fr. 50

ANNUAIRE **de la marine** et des Colonies : 1er janvier 1873, fort vol. in-8. 5 fr.

ARMÉE (l') **de l'avenir. — Etudes sur l'organisation militaire** au point de vue du service obligatoire, par un officier supérieur de l'armée d'Afrique, 2° édition augmentée. Paris, 1872, gr. in-8. 2 fr.

ARMÉE (l') **d'hier et l'armée de demain**. Nancy, 1873, broch. in-8. 1 fr.

ARTILLERIE **française** (de l'). — Principales réformes à y introduire. Nancy, 1872, broch. in-8. 30 c.

AURE (le comte d'). — **Traité d'équitation illustré**, précédé
d'un aperçu des diverses modifications et changements apportés dans
l'équitation depuis le XVIe siècle jusqu'à nos jours ; suivi d'un appen-
dice sur le jeune cheval, du trot à l'anglaise, et d'une lettre sur l'équitation des dames. 4e édit. Paris, 1870, joli vol. gr. in-8 avec portrait,
planches et figures dans le texte. 10 fr.

BARBE (Paul), ancien officier d'artillerie. **Etudes pratiques sur
la dynamite** et ses diverses applications à l'art militaire. Paris,
1872, broch. in-8. 1 fr. 50

BAZAINE (le Maréchal). — **L'armée du Rhin** depuis le 12 août
jusqu'au 29 octobre 1870. Paris, 1872, in-8 avec cartes. 8 fr.

BEAUSSIRE (Charles), ancien élève de l'École normale supérieure. —
Idées nouvelles sur l'organisation de l'armée.
Paris, 1872, in-8. 1 fr. 25

BERTRAND (E.) Capitaine du génie, ancien professeur à l'École spéciale
militaire. — **Traité de topographie et de reconnaissances militaires.** Paris, 1872, un vol. in-8 avec grand nombre
de figures dans le texte. 8 fr.

BIBESCO (le prince Georges), officier supérieur de l'armée française, attaché
au 7e corps. — Campagne de 1870. **Belfort, Reims, Sedan.** —
Le 7e corps de l'armée du Rhin. Paris, 1872, in-8, avec cartes. 6 fr.

BLOIS (De), général. — **L'artillerie du 15e corps pendant
la campagne de 1870-1871.** Paris, 1872, in-8. 3 fr.

BLUME (W.) major du grand état-major prussien. — Campagne de
1870-1871. — **Opérations des armées allemandes depuis la bataille de Sedan**, jusqu'à la fin de la guerre. D'a-
près les documents officiels du grand quartier général. Trad. de l'allemand par E. Costa de Serda, capitaine d'état-major. Paris, 1872,
fort vol. in-8 avec une carte générale imprimée en deux teintes. 8 fr.

BONIE (T.), lieutenant-colonel de cavalerie. — **Fond et vitesse
d'une troupe de cavalerie en campagne.** — (Influence
du poids et de la nourriture sur le fond et la vitesse. — Equitation
militaire. — Entraînement). Paris, 1872, in-18. 2 fr. 50

BONNEFONS (A.), chef de division à la Préfecture du Cantal. — **Code
du volontariat.** — Guide du volontaire d'un an, d'après la loi du
27 juillet 1872, contenant toutes les pièces officielles, lois, décrets, circulaires ministérielles, etc., annotés. Paris, 1873, broch. in-18. 1 fr. 25

BORBSTAEDT (A.), colonel. — Campagne de 1870-71. — **Opérations des armées allemandes depuis le début de
la guerre jusqu'à la catastrophe de Sedan** et à la
capitulation de Strasbourg. Traduit de l'allemand par E. Costa de
Serda, capitaine au corps d'état-major. Paris, 1872, fort vol. gr. in-8
raisin avec croquis dans le texte et atlas de 8 cartes ou plans. 16 fr.

BORREIL (E.), capitaine d'infanterie, etc. — **Cours réduit de tir** sous
forme de questionnaire, suivi d'une progression raisonnée pour l'instruction préparatoire de tir. 2e édit. Paris, 1872, in-18 avec tableaux. 60 c.

BOUILLÉ (le comte Louis de). — **Les drapeaux français
de 507 à 1872.** Recherches historiques. Paris, 1872, in-18
avec 12 planches chromo-lithog. contenant 50 drapeaux. 3 fr.

BRALION (E. N.), lieutenant-colonel du génie belge. — **Mines et
canons. Théorie des effets de la poudre.** Bruxelles,
1873, in-8 avec planches. 6 fr.

BRANLE (F.), capitaine au 9ᵉ régiment de chasseurs à pied belge. — **Les établissements d'instruction et d'éducation militaires en Belgique**, avec une notice sur les cours particuliers donnés dans les régiments. 2ᵉ édit. Bruxelles, 1872, in-4°. 4 fr. 50

BRIALMONT (A.), colonel d'état-major. — **La fortification à fossés secs.** Bruxelles-Paris, 1872. 2 forts volumes gr. in-8 avec atlas in-folio.   45 fr.

BRIALMONT (A.), colonel d'état-major belge. — **La fortification improvisée.** 2ᵉ édit. revue et augmentée. Bruxelles, 1872, 1 vol. in-12 avec 9 planches.   3 fr. 50

CAPDEVIELLE (J.), lieutenant-colonel au 33ᵉ d'infanterie. — **L'armement et le tir de l'infanterie.** Paris, 1872, 1 vol. in-8, et atlas in-4 de 78 planches et 7 tableaux.   16 fr.

CHANAL (V. de), général de brigade. — **L'armée américaine pendant la guerre de la sécession.** Paris, 1872, in 8 avec planches et figures.   5 fr.

CHAPPLAIN (M.-L.), sous-intendant militaire. — **De l'intendance, du corps médical militaire et de la mortalité dans l'armée** Réponse à M. le Dʳ Chenu, auteur du livre : *De la mortalité dans l'armée.* Paris, 1872, in-8.   2 fr.

CHASSELOUP-LAUBAT (marquis de), membre de l'Assemblée nationale. — **Rapport** au nom de la commission chargée de présenter un ensemble de dispositions législatives, **sur le recrutement et l'organisation des armées de terre et de mer.** — Recrutement de l'armée. Paris, 1872, in-4.   4 fr.

CHOULOT (de), lieutenant-colonel. — **Camp d'Avor** et notes sur le Berry. Bourges, 1872. 2 broch. in-32.   1 fr.

CODE-MANUEL du recrutement de l'armée. — **Loi du 27 juillet 1872** suivie des décrets, arrêtés, règlements, instructions, circulaires, décisions de principe rendus pour son exécution et de tous les modèles d'actes, certificats, procès-verbaux, états, registres, etc. — **Appel des classes, engagements et rengagements, volontariat.** Textes officiels annotés, avec tables méthodiques. 3ᵉ édit., complétement au courant de la nouvelle législation. Paris, 1873. in-8.   3 fr.

COMMENT **payer cinq milliards et réorganiser l'armée.** Par un Alsacien, officier français. Nancy, 1871, in 8. 1 fr. 50

COMMISSION DES GRADES. — Voies et moyens de recours contre ses décisions. — **Mémoire à consulter.** — (Origine et but de cette institution. — Son mandat. — Ses pouvoirs. — Ses travaux. — Anciens sous-officiers et officiers démissionnaires rappelés. — Sous-officiers et officiers de l'armée. — Officiers auxiliaires et provisoires. — Officiers prisonniers sur parole. — Évadés d'Allemagne). Avignon, 1872, in-18.   1 fr. 50

CONSEILS **à un jeune officier sortant de Saint-Cyr** (École spéciale militaire). 2ᵉ édit. Paris, 1872, in-18.   75 c.

CORDELOIS. — **Leçons d'armes.** — **Du duel et de l'assaut.** Théorie complète sur l'art de l'escrime. 2ᵉ édit. illustrée de 28 planches et de 42 figures, représentant les diverses positions de l'escrime et le portrait de l'auteur. Paris, 1873, gr. in-8.   10 fr.

COYNART (De), lieutenant-colonel. — **La guerre à Dijon, 1870-1871.** — Relation militaire. 2ᵉ édit. complétée. Paris, 1873, in 8 avec carte.   2 fr.

DAHN (F.), professeur de droit international à l'école supérieure de Wurtzbourg. — **Le droit de la guerre** exposé succinctement et mis à la portée des masses. Trad. de l'allemand par G. A. Prim, lieutenant d'infanterie belge. Bruxelles, 1872, broch. in-12. 1 fr. 50

DARU (Baron J.-N. Martial), colonel. — **La cavalerie légère** (Janvier 1872). Paris, 1872, broch. in 8. 1 fr.

DES MOUTIS, lieutenant-colonel. — Mémoires sur l'armée de Chanzy. — **Le 49e régiment des mobiles de l'Orne. 1870-1871**, Alençon, 1872, in 8. 2 fr.

DUSSAERT (E.), ancien colonel d'artillerie, auteur de l'*Essai sur l'art de la guerre*. — **Une opinion sur les causes de nos désastres** et les moyens de réparer nos maux. Paris, 1872, in-8. 3 fr. 50

ESGRIGNY-D'HERVILLE (De Jouenne d'); chef de bataillon en retraite. — **Souvenirs de garnison** ou 40 ans de vie militaire. Paris, 1872, fort vol. in-12. 4 fr.

ESSAI **de réorganisation militaire** sur la base du service obligatoire et du recrutement régional, avec application spéciale au corps du génie, par un officier du génie. Paris, 1872, 1 vol. in-8. 6 fr. 50

FARCY (Camille). — **Histoire de la guerre de 1870-1871.** — L'empire, la république. (Campagnes du Rhin, de Metz, de Sedan, de Paris, de la Loire et de l'Ouest, du Nord, des Vosges et de l'Est.) Paris, 1872, 1 volume in-8°. 7 fr. 50

FAVÉ, général. **Etudes sur le passé et l'avenir de l'artillerie.** — **Tome 6 et dernier** : Histoire des progrès de l'artillerie (XIXe siècle), — artillerie actuelle française et étrangère, fort volume in-4° avec 30 planches gravées. 30 fr.

FERVEL (J.-N.), colonel du génie en retraite. — **La dernière année du général Dagobert.** Perpignan, 1872, brochure in-18. 50 c.

FISCH, capitaine, répétiteur d'art militaire et de fortification à l'Ecole militaire de Belgique. — **Etudes sur la tactique.** Matières d'examen du programme B pour les lieutenants d'infanterie. Bruxelles, 1872, 1 vol. in-18 avec 10 planches. 4 fr.

FOUDRAS (le comte de). Une page d'histoire. — **Les francs-tireurs de la Sarthe.** Journal d'un commandant, 2e édit. Châlon-sur-Saône, 1872, gr. in-8. 3 fr.

FREYCINET (Charles de), ancien délégué du Ministre de la guerre à Tours et à Bordeaux. — **La guerre en province pendant le siége de Paris, 1870-1871.** Paris, 1872, 1 vol. in-18 avec cartes. 3 fr. 50

FROSSARD, général. — **Rapport sur les opérations du 2e corps de l'armée du Rhin dans la campagne de 1870.** — 1re partie, depuis la déclaration de guerre jusqu'au blocus de Metz. 2e édit., in-8 avec 2 cartes. 4 fr.

GAULDRÉE-BOILLEAU (Adolphe), ancien chef de bureau au Ministère de la guerre. — **L'administration militaire dans l'antiquité.** (1° Origine de l'administration militaire. — Grands événements de l'antiquité où l'on remarque son action. 2° Etude sur les services administratifs dans les armées de l'antiquité. 3° Résumé des principales améliorations que l'étude de l'antiquité peut suggérer à l'administration française). Paris, 1871, fort vol. in-8. 6 fr.

GIRARD (A.), lieutenant au 91e de ligne. — **Le fusil Chassepot**. — Son emploi comme arme de jet, comme arme de main. Paris, 1872, broch. in 8. 1 fr. 50

GUÉRIN (Aurèle), ancien élève de l'Ecole polytechnique, sous-lieutenant d'artillerie.—**Etude sur la télégraphie militaire** et sur l'organisation du service télégraphique en campagne. Paris, 1872, in-8. 3 fr.

GUERRE (la) **franco-allemande de 1870-1871**. — Rédigée par la section historique du grand état-major prussien. Traduction par E. Costa de Serda, capitaine d'état-major français. — 1re partie. Histoire de la guerre jusqu'à la chute de l'Empire, in-8 avec cartes et plans. — **1re livraison**. — Evénements du mois de juillet. 4 fr. —2e livraison. In-8 avec planches. 4 fr. 50

GUERRE (la) **franco-allemande de 1870-1871** sous le roi Guillaume. Par un officier d'état-major prussien, trad. de l'allemand par L. de Dieskau, capitaine d'état-major et G. A. Prim, lieutenant d'infant. adjoints à l'état-major de la 1re division belge. 1re livraison. 6 fr. —2e livraison. 6 fr. — 1re *partie*. Les événements jusqu'au 8 août 1870. Paris, 1871, 1 vol. in-8 avec 4 cartes. 6 fr. — 2e *partie*. Du 8 août 1870 à l'investissement de Metz. Paris, 1872, 1 vol. in-8 avec 3 cartes. 6 fr.

HENNEQUIN (Frédéric), ancien graveur et dessinateur au dépôt de la guerre. — **La topographie mise à la portée de tous**. — Syllabaire ou méthode pratique pour apprendre à lire rapidement la carte de l'état-major, 2e édit. Paris, 1872, broch. in-8° avec 1 planche de modèles explicatifs. 1 fr.

HOHENLOHE-INGELFINGEN (Kraft, prince de), général major. — **Idées sur les siéges**. — Conférence donnée le 15 mars 1872, à la société militaire de Berlin, trad. de l'allemand par G. A. Prim, lieutenant d'infanterie belge. Bruxelles, 1872, in-12. 1 fr. 50

INSTRUCTION **pour la lecture des cartes topographiques**. 3e éd. Paris, 1872, br. in-18 avec figures dans le texte. 75 c.

JACQUEMIN (F.), ingénieur en chef des ponts et chaussées, etc. — **Les chemins de fer pendant la guerre 1870-1871**. — Leçons faites en 1872 à l'Ecole des ponts et chaussées. Paris, 1872, in-8. 8 fr.

JARRY DE BOUFFÉMON (Henri de), ancien officier, etc. —**Instructions élémentaires concernant les armées en campagne**. — 1° Fortification de campagne. 2° Castramétation. 3° Marches et mouvements des armées. 4° Service des compagnies franches. 5° Des reconnaissances et du tracé expéditif des plans militaires. Paris, 1872, in-8 avec 9 planches. 5 fr.

JOUBERT (Léo). — **La bataille de Sedan**. — Histoire de la campagne de 1870, depuis le 23 août jusqu'au 2 septembre. Paris, 1873, 1 vol. in-18. 3 fr.

JULIEN (Félix). — **L'Amiral Bouët-Willaumez** et l'expédition dans la Baltique. Paris, 1872, in-18. 2 fr.

LA FUENTE (L.), lieutenant d'état-major et Max CAFFARELLI, sous-lieutenant au 8e hussards. — **Eléments de la connaissance du terrain**, à l'usage des sous-officiers. Paris, 1872, 2e édit., in-18. 1 50

LA LAURENCIE (Sosthènes de), capitaine d'artillerie. — **Etude technique sur le service de l'artillerie dans la place de Belfort** pendant le siége de 1870-1871. Paris, 1872, in 8 avec planches. 5 fr.

LALOBBE (E. de), lieutenant-colonel d'état-major. — **Cours de topographie élémentaire,** à l'usage des officiers de l'armée. 4. édit 1 vol. in-12 avec figures et planches.   6 fr.

LA RONCIÈRE LE NOURY (baron de), vice-amiral. — **La marine au siége de Paris,** 2e édit., Paris, 1872, in-8 et atlas. 10 fr.

LE FAURE (Amédé). **Les fautes stratégiques des Prussiens,** 2e édit., Paris, 1872, brochure in-18.   1 fr.

LE LOUTEREL, général de brigade. — **Manuel des reconnaissances militaires,** pour faciliter aux officiers et sous-officiers d'infanterie et de cavalerie, l'exécution des prescriptions de la note ministérielle du 19 avril 1841, et de la circulaire du 23 février 1868. 6e édit. Paris, 1872, in-8 avec planches et figures dans le texte.   5 fr.

LEWAL, colonel d'état major. — **La réforme de l'armée.** Paris, 1871, fort vol. in-8°.   7 fr.

LOISEAU, capitaine des carabiniers. Belge. — **Notes militaires sur le Mexique, en 1864-1867.** Bruxelles, 1872, gr. in-8 avec gravures, plans et carte.   7 fr. 50

LOIS **militaires de la monarchie austro-hongroise** suivies du règlement sur le service volontaire d'un an, trad. de l'allemand par V. Grillon, capitaine du génie. Paris, 1871, broch. in-8. 1 fr. 50

LONGUET (A.), officier supérieur en retraite. — **Méditations de caserne.** 2e édit., Nancy, 1860, 1 vol. in-18.   2 fr. 50

MALCOR (Alban), chef d'escadron d'artillerie. — **L'armée homogène** ou unification du corps d'officiers. (De l'avancement au concours. — Du service d'état-major. — Avantages de l'unification du corps d'officiers. — L'armée modèle. — Des écoles militaires. — Des diverses armes. — Des services accessoires, etc.) Paris, 1872, 1 vol. in-12.   2 fr. 50

MALHERBE (Oscar), ingénieur-mécanicien. — **Des mitrailleurs.** — Rapports et expériences particulièrement relatifs au mitrailleur Christophe et Montigny. Liége, 1871, in-8 avec grand nombre des planches.   10 fr.

MANDON (Norbert), ingénieur civil, ancien élève de l'Ecole centrale, etc. — **Projet de réorganisation rationnelle et d'amélioration du matériel de l'armée.** Clermont-Ferrand, 1872, in-8 avec 2 grandes planches.   2 fr. 50

MANUEL **de l'instructeur de tir** à l'usage des officiers et des écoles militaires. — Approuvé par le Ministre de la guerre, le 19 novembre 1872. Paris, 1873, in-8 avec grand nombre de figures dans le texte.   1 fr.

MANUEL **des connaissances militaires pratiques** utiles à MM. les officiers et sous-officiers. — (1° Topographie militaire. — 2° Fortification. — 3' Reconnaissances, emploi du terrain, petites opérations. — 4° Cavalerie, artillerie, infanterie. — 5° Hygiène, connaissance du chêval). 3e édit., par un officier d'état-major. Paris, 1873, 1 vol. in-18 avec figures dans le texte et carte.   5 fr.

MANUEL **du sapeur d'infanterie.** Instruction publiée par le ministère de la guerre italien (septembre 1871). Trad. de l'italien par MM. Percin, Grillon et de Lort-Sérignan. Paris, 1872, in-18 avec planches.   5 fr.

MARTIN DES PALLIÈRES, général, commandant en chef le 15e corps d'armée. — **Campagne de 1870-1871. — Orléans.** Paris, 1872, in-8 avec cartes.   8 fr.

METZ. **Campagne et négociations.** Par un officier supérieur de l'armée du Rhin, 8e édit. Paris, 1872, 1 vol. in-8 avec une carte coloriée des environs de Metz.　　　　　　　　　7 fr. 50

MINSSEN (J.-F.), professeur à l'Ecole spéciale militaire de Saint-Cyr. — **Lectures militaires allemandes.** — Recueil de fragments tirés des meilleurs auteurs allemands et traitant de sujets appartenant à l'histoire et aux sciences militaires. Accompagné de notes. — Partie historique. Paris, 1872, fort volume in-12.　　　　3 fr. 50
　　Le même cartonné.　　　　　　　　　　　4 fr. •

MORACHE (le docteur) médecin-major de 1re classe. — **Considérations sur le recrutement de l'armée** et sur l'aptitude militaire dans la population française. Paris, 1873, 1 vol. in-18 avec 3 planches.　　　　　　　　　　　　　1 fr. 50

MORIN (Achille), docteur en droit, conseiller à la Cour de cassation. — **Les lois relatives à la guerre** selon le droit public et le droit criminel des pays civilisés. Paris, 1872, 2 forts vol. in-8.　16 fr.

NAULOT (J.-J.), chef d'escadrons au 20e dragons, etc., etc. — **Lettres sur l'organisation des forces vives de la France.** Paris, 1872, gr. in-8.　　　　　　　　　　　2 fr.

NOLAN (L. E.). — **Dressage des chevaux de remonte.** — Trad. de l'anglais par Savin de Larclause, colonel du 14e dragons. Paris, 1872, gr. in-8 avec 13 planches.　　　3 fr.

OLMETA (J.), capitaine au 69e de ligne. — **Instruction pratique pour l'emploi du chemin de fer et de la télégraphie en campagne.** Paris, 1872, in-18 avec planches.　1 fr. 50

ORY (Edmond), docteur en droit, ex-officier de l'armée du Rhin. — **Recrutement et condition juridique des militaires à Rome,** dans l'ancien droit et le droit moderne français et étranger, avec le commentaire de la loi du 27 juillet 1872. Nancy-Paris, 1873, fort vol. gr. in-8.　　　　　　　　　　8 fr.

PEUCKER (V.), général de l'infanterie et inspecteur des établissements militaires d'instruction. — **Instruction sur l'étendue et le programme des cours de l'académie royale de guerre de Berlin.** — Traduit de l'allemand par F. Timmerhans, capitaine de l'infanterie. Bruxelles, 1872, in-8.　1 fr.

PIRON (F.-P.-J.), capitaine en premier du génie. — **Les fougasses instantanées** ou les mines projetantes simplifiées. Bruxelles, 1872, in-8 avec planches.　　　　　　　　6 fr.

PRÉCIS **des opérations militaires auxquelles a pris part la brigade Porion** pendant le siége de Paris, 1870-71. Paris, 1871, in-18.　　　　　　　　　　　　1 fr.

PRESCRIPTIONS **relatives aux exercices d'application des troupes de toutes armes** (8e corps d'armée. — 6e division militaire). Instruction n° 1. Lyon, 1872, in-32.　　1 fr.

PREVOST (F.), lieutenant-colonel du génie à Vincennes. — **Les forteresses françaises pendant la guerre de 1870-1871.** Paris, 1872, in-8.　　　　　　　　2 fr. 50

PROJET **de réorganisation de l'infanterie belge.** — Conférence donnée à MM. les officiers du corps d'état-major, le 6 février 1871. Bruxelles, 1871, in-8.　　　　　1 fr. 50

RABUSSON (A.). — **Du système défensif de la France.** Paris, 1872, broch. in-8.　　　　　　　　　1 fr. 50

RAUTLIN DELAROY (E. de), avocat à la Cour d'appel de Paris. — **L'armée active cadre** de toutes les forces militaires de la France. Paris, 1872, in-8. 50 c.

RÈGLEMENT **sur le service en campagne et sur les grandes manœuvres (armée prussienne).** Traduit au 2ᵉ bureau de l'état-major général du Ministre de la guerre. 2ᵉ édit., in-18 avec figures dans le texte et planches. 2 fr. 50

RÈGLEMENT du 15 mai 1872 **pour l'instruction tactique de l'infanterie italienne.** — Trad. de l'italien par MM. Durostu, chef d'escadron d'état-major et Joly, capitaine au 40ᵉ de ligne. Paris, 1873, in-18 avec figures dans le texte. 2 fr. 50

RÈGLEMENT du 4 juillet 1872 **pour l'instruction tactique des troupes de cavalerie italienne.** Traduit de l'italien par MM. Durostu, chef d'escadron d'état-major et Vollot, capitaine du génie. Paris, 1873, in-18 avec 2 cartes françaises pour les applications du service de reconnaissance avancée à un terrain des environs de Paris. 2 fr. 50

RÈGLEMENT du 3 août 1870 **sur les exercices de l'infanterie de l'armée royale en Prusse.** — Traduit de l'allemand par J. Monlezun, lieutenant au 120ᵉ régiment d'infanterie. Paris, 1872, in-18. 4 fr.

RÈGLEMENT **sur les manœuvres de l'infanterie prussienne.** — Dernière édition du 3 août 1870. Traduit et rédigé par E. Uffler. Paris, 1872, broch. in-18. 1 fr. 25

RUSTOW (W.), colonel dans l'armée fédérale suisse. — De l'éducation militaire. — **Introduction générale à l'étude des sciences militaires,** dédiée aux militaires, aux hommes d'Etat, etc. Traduit par Gust. Bayvet. Paris, 1872, in-8. 2 fr. 50

RUSTOW (W.) — **La p'tite guerre.** (Introduction. — Service de sûreté et de reconnaissances. — De la petite guerre indépendante sur un théâtre secondaire. — La guerre des partisans.) — Trad. de l'allemand, avec l'autorisation de l'auteur, par Savin de Larclause, lieutenant-colonel au 1ᵉʳ lanciers. Paris, 1869, 1 vol. in-8. 5 fr.

RUSTOW (W.), colonel dans l'armée fédérale suisse. — **Tactique générale** avec des exemples à l'appui. Trad. de l'allemand sur la deuxième édit. avec l'autorisation de l'auteur, par Savin de Larclause, colonel du 14ᵉ dragons. Paris, 1872, fort vol. in-8 avec 12 pl. 10 fr.

RUSTOW (W.) — **L'art militaire au dix neuvième siècle.** — Stratégie histoire militaire (1792-1815 — 1815-1867), trad. de l'allemand sur la 2ᵉ édit. (1867), par Savin de Larclause, lieutenant-colonel. Paris, 1869, 2 forts vol. in-8 avec planches. 15 fr.

RUSTOW (W.) — **Guerre des frontières du Rhin, 1870-1871,** trad. de l'allemand avec l'autorisation de l'auteur, par Savin de Larclause, colonel au 1ᵉʳ lanciers, 2ᵉ édit. Paris, 1873, fort vol in-8 avec cartes.

SAINT-CYR NUGUES (baron), colonel d'état-major. — **Le général Colson.** — Sa mission en Russie et son voyage au Caucase. Paris, 1872, in-8. 2 fr.

SAINT-VIDAL (F. de). — **Des positions centrales et de l'investissement des places fortes.** — Paris, 1872, gr. in-8 avec 3 planches. 4 fr.

SARREPONT (le major de). — **Histoire de la défense de Paris, en 1870-1871.** — Paris, 1872, fort. vol. in-8 avec la carte des environs de Paris, du dépôt de la guerre, tirée à sept teintes,

indiquant les travaux de la défense et ceux de l'ennemi. Paris, 1872,
fort vol. in-8. 12 fr.

SAVOYE (Charles de), colonel du 2ᵉ régiment de ligne belge, officier de
la Légion d'honneur, etc., etc. — **Règlement sur le service
des armées en campagne**, annoté, d'après les meilleurs
auteurs qui ont écrit sur l'art militaire. Ouvrage approuvé par le comité
d'état-major de France, 3ᵉ édit., entièrement révisée en 1873. Paris,
1873, fort. vol. gr. in-8 avec ligures. 10 fr.
—Franco par la poste. 11 fr. 25

SIMON (Niclaus), licencié en droit. — **Les deux bombarde-
ments de Montmédy.** — Souvenirs d'un témoin oculaire.
Paris, 1872, in 8. 2 fr. 50

STAAFF, lieutenant-colonel, officier de la Légion d'honneur et de l'instruction publique en France. — **La littérature française
depuis la formation de la langue jusqu'à nos
jours.** — Lectures choisies.
    Tome I. Depuis la formation de la langue jusqu'à la révolution
      (842-1790), fort vol. in-8. 7 fr. 50
    Tome II. Auteurs enlevés à la littérature depuis la révolution
      (1790-1869), fort vol. in-8. 8 fr. 50
    Tome III. Prosateurs vivants en 1870, 1 vol. in-8. 4 fr.
    Tome IV. Poëtes vivants en 1870, 1 vol. in-8. 5 fr.

STUDENS.—**Lettres à l'armée sur sa réorganisation.**
(1. Ne vous abusez pas, souvenez-vous ! 2. Nécessité de la réforme.
3. Routine et tradition. 4. Le progrès. 5. Principes d'organisation militaire. 6. Du système rationnel d'organisation. 7. Des forces nécessaires à la France. 8. De la répartition et du groupement des forces.
9. Nécessité de l'embrigadement, de l'endivisionnement et de la formation des troupes en corps d'armée. 10. Effectif d'un corps d'armée, etc.)
Paris, 1872, in-18. 2 fr.
— *La 2ᵉ série est sous presse, pour paraître très-prochainement.* 1 vol.
in-18. 2 fr.

TACKELS (C.-J.), capitaine d'infanterie belge.—**Armes de guerre.**
— Etude pratique sur les armes se chargeant par la culasse. Les mi-
trailleuses et leurs munitions. Bruxelles, 1868, in-8 avec planch. 8 fr.

TROLY, capitaine au 20ᵉ bataillon de chasseurs à pied. — **Cours
élémentaire de topographie.** Dôle, 1872, broch. in-8 avec
5 planches. 2 fr. 25

VERDY DU VERNOIS, lieutenant-colonel à la suite de l'état-major de
l'armée prussienne, etc. — **Etudes sur l'art de conduire
les troupes.** — 1ʳᵉ *section*, traduit de l'allemand. Bruxelles, 1871,
in-18 avec 4 planches 2 fr.
— 2ᵉ *section*, trad. de l'allemand par A. Masson, capitaine d'état-major.
Bruxelles, 1872, in-18 avec un plan de bataille. 2 fr. 50

VINOY, général. — Campagne de 1870-1871. — **Siége de Paris.**
— Opérations du 13ᵉ corps et de la 3ᵉ armée. 2ᵉ édit. Paris, 1872, in-
8, et atlas. 10 fr.

VINOY, général. — Campagne de 1870-1871. — **L'armistice et
la Commune.** — Opérations de l'armée de Paris et de l'armée de
réserve. Paris, 1872, in-8 et atlas. 10 fr.

WARTENSLEBEN (le comte Hermann de), colonel d'état-major. —
Campagne de 1870-1871. — **Opérations de l'armée du
Sud** pendant les mois de janvier et février 1871, d'après les docu-
ments officiels de l'état-major allemand, trad. de l'allemand par Alfred
Dumaine. Paris, 1872, in-8 avec 2 cartes. 2 fr. 50

PUBLICATIONS DE LA RÉUNION DES OFFICIERS
ENTRETIENS MILITAIRES

Brochures format in-18

Manuel d'hygiène et de premiers secours, à l'usage des sous-officiers et des soldats. Traduit de l'allemand par le docteur Bürgkly.   60 c.

L'Armée prussienne, par M. Lahaussois, sous-intendant militaire. 60 c.

Hygiène militaire, par le docteur Jules Arnould, médecin-major de 1re classe.   60 c.

Des tirailleurs, de leur instruction, de leur emploi, par M. Herbinger, capitaine adjudant-major au 1er provisoire.   60 c.

Principes rationnels de la marche des impedimenta dans les grandes armées, par M. Anatole Baratier, sous-intendant militaire.   1 fr.

De l'administration militaire, par M. Lewal, colonel d'état-major. 1 fr.

De l'administration militaire et du fonctionnement des services administratifs. — Réponse à M. le colonel Lewal, par M. Anatole Baratier, sous-intendant militaire.   1 fr.

De l'aérostation militaire, par M. Delambre, capitaine du génie. 75 c.

De la photographie et de ses applications aux besoins de l'armée, par M. Dumas, capitaine d'état-major, chef du service photographique au ministère de la guerre.   75 c.

Instruction de l'infanterie, préparation au service de guerre, par M. Percin, capitaine du génie.   75 c.

De l'emploi militaire des chemins de fer, par M. Delambre, capitaine du génie.   75 c.

De l'enseignement de la géographie, par M. Bourboulon, chef de bataillon.   75 c.

NOUVELLES ACQUISITIONS :

Commentaires de Napoléon Ier. Magnifique édition imprimée à l'Imprimerie nationale. 6 vol. grand in-8 colombier, avec 34 cartes imprimées en couleur. Prix net.   80 fr.

C. Julii Cæsaris Commentarii de bellis Gallico et Civili, aliorum de bellis Alexandrino, Africano et Hispaniensi, annotatione critica instruxit F. Dubner. 2 magnifiques vol. grand in-8 colombier, avec carte des Gaules. *Exemplaires numérotés.* Publié à 40 fr.; net.   30 fr.

Poliorcétique des Grecs. Traités théoriques, Récits historiques, Textes restitués d'après les manuscrits de Paris, du Vatican, de Vienne, de Bologne, de Turin, de Naples, d'Oxford, de Leyde, de Munich, de Strasbourg, augmentés de fragments inédits et accompagnés d'un Commentaire paléographique et critique, par C. Wescher, attaché au département des manuscrits de la Bibliothèque nationale. 1 vol. grand in-8 colombier, avec grand nombre de figures dans le texte. Ouvrage imprimé à un petit nombre d'exemplaires *numérotés.* Publié à 40 fr.; net.   25 fr.

Les trois ouvrages pris ensemble seront livrés au prix de
100 francs net.

JOURNAL

DES

SCIENCES MILITAIRES

49ᵉ ANNÉE (1873)

CONDITIONS DE L'ABONNEMENT

Le *Journal des Sciences militaires* paraît le 10 de chaque mois en une livraison de 10 feuilles d'impression (160 pages), avec cartes, plans et dessins.

Les 12 livraisons de l'année forment trois forts volumes compactes d'environ 650 pages chacun.

		Un an.	Six mois.
Prix de l'Abonnement.	Pour la France.	35 fr.	20 fr.
	Pour l'étranger (port simple). . . .	40 fr.	22 fr.
	— (port double).	45 fr.	24 fr.

SOMMAIRE

DES ARTICLES PUBLIÉS DANS LE

JOURNAL DES SCIENCES MILITAIRES EN 1872

Paris. — Imprimerie de J. DUMAINE, rue Christine, 2.